PONS

Typisch Spanisch

von
Susana Rodés Reyes

W0285352

PONS GmbH
Stuttgart

PONS

TYPISCH SPANISCH

von

Susana Rodés Reyes

1. Auflage 2017

© PONS GmbH, Stöckachstraße 11, 70190 Stuttgart, 2017
www.pons.de
E-Mail: info@pons.de
Alle Rechte vorbehalten.

Redaktion: Marieluise Schmitz
Logoentwurf: Erwin Poell, Heidelberg
Logoüberarbeitung: Sabine Redlin, Ludwigsburg
Einbandgestaltung: Anne Helbich, Stuttgart
Titelfoto: Tänzerin: Shutterstock/ Andy-pix,
Nelke: Shutterstock/ Africa Studio,
Oliven: Shutterstock/ Valentyn Volkov,
Olivenöl: Shutterstock/ Angel Simon,
Stier: Shutterstock/ Julio Aldana,
Kacheln: Shutterstock/ AnaMarques
Layout: Petra Michel, Gestaltung & Typografie, Bamberg
Satz: tebitron gmbh, Gerlingen
Druck und Bindung: Multiprint GmbH

Printed in the EU.
ISBN: 978-3-12-562937-3

¡Muy español!

Vertiefen Sie mit diesem Rätselbuch Ihr Wissen über Spanien und erweitern Sie Ihre Spanisch-Kenntnisse in 20 großen Quiz-Themen. Dabei erfahren Sie noch mehr Interessantes, Unterhaltsames und Skurriles rund um die Plaza Mayor.

Die **20 Themen** stehen jeweils unter einem **Motto**, sei es eine Stadt, eine Region oder ein kulturelles Thema.
Dabei gibt es vier Rubriken, die farblich gekennzeichnet sind:

Mensch & Natur: ***Geschichte, Geographie, Politik, Wirtschaft etc.***

Kultur & Reisen: ***Kunst, Literatur, Sehenswürdigkeiten etc.***

Sprache & mehr: ***Sprache, Kommunikation, Humor, Rezepte etc.***

Rätseln & Knobeln: ***sprachliche und kulturelle Rätsel***

Kurztrip oder große Rundreise – das ist ganz Ihnen überlassen:
Sie können sich entweder gezielt die Themen oder Rubriken aussuchen, die Sie am meisten interessieren oder aber Sie machen die ganze Reise rund um alle spanischen Themen.

Bei einigen Rätseln müssen Sie sicherlich ein wenig **raten** und **ausprobieren**, aber die ausführlichen **Lösungen** werden Ihnen helfen, Ihr Wissen über die Sprache, das Land und die Leute zu erweitern.
Und wenn Sie einmal sprachlich nicht weiter wissen, hilft Ihnen das **Wortverzeichnis** zu den schwierigsten Wörtern.

¡Buen viaje!

Ihre Pons-Redaktion

Inhalt

Anhang

¡Que viva España!

¿Típico español?

Spanien hat viele Gesichter, verschiedene Sprachen und unterschiedliche Kulturen. Doch einige Dinge haben alle Spanier gemeinsam, sind eben **típico español**, und Sie sollten sie auf jeden Fall ausprobieren!

- ☐ am frühen Abend über eine gefüllte **plaza** spazieren
- ☐ einen **pata negra** kosten
- ☐ über einen der vielen **mercadillos** schlendern
- ☐ nach dem Mittagessen eine kleine **siesta** einlegen
- ☐ auf eine **feria** gehen
- ☐ nach einer durchgemachten Nacht **churros con chocolate** frühstücken
- ☐ **Nochevieja** (Silvester) an der **Plaza Mayor** in Madrid erleben
- ☐ zum kleinen Bier (**caña**) eine **tapa** nehmen
- ☐ einen **partido de fútbol** mit Spaniern in der Kneipe ansehen

De fiesta

Eines darf natürlich nie fehlen: die **fiesta!** Ob auf nationaler oder regionaler Ebene, ob religiösen oder weltlichen Ursprungs: Gründe und Anlässe zum Feiern gibt es genug. Kaum ein Volk feiert so intensiv und so oft wie die Spanier. Statistisch gesehen steigt **alle 20 Minuten** irgendwo in Spanien ein Volksfest! Hinein ins Vergnügen!

¡Que viva España!

Las comunidades autónomas

Wie gut kennen Sie Spanien? Ordnen Sie jeder Zahl auf der Karte die entsprechende autonome Region zu.

14 **A** Andalucía

8 **B** Aragón

2 **C** Principado de Asturias

16 **D** Islas Baleares

17 **E** Islas Canarias

3 **F** Cantabria

12 **G** Castilla-La Mancha

6 **H** Castilla y León

9 **I** Cataluña

10 **J** Extremadura

1 **K** Galicia

7 **L** La Rioja

11 **M** Comunidad de Madrid

15 **N** Murcia

5 **O** Navarra

13 **P** Comunidad Valenciana

4 **Q** País Vasco

Las costas

Vom Atlantik und vom Mittelmeer umgeben bietet das spanische Festland eine Küstenlänge von 4 872 km! Zählt man die Küsten der Balearen und der Kanarischen Inseln hinzu, sind es sogar 8 000 km.

Finden Sie in der Wortschlange fünf der bekanntesten Küsten Spaniens?

jsibravaensdoradaquemadelsoljfioablancayunosedelaluzptos

1. Costa Brava
2. Costa Blanca
3. Costa del Sol
4. Costa de la luz
5. Costa Dorada

Símbolos

Was steht für Spanien? Kreuzen Sie an.

1. ¿Cómo se llama el rey de España?

- [ ] **A** Felipe González
- [x] **B** Felipe VI
- [ ] **C** José Luis Zapatero
- [ ] **D** Mariano Rajoy

2. ¿Qué **no** es típico español?

- [ ] **A** aceite de oliva Olivenöl
- [ ] **B** jamón serrano
- [x] **C** vinho verde
- [ ] **D** paella valenciana

3. ¿Qué animal es un símbolo de España?

- [ ] **A** el pez
- [ ] **B** el caballo
- [ ] **C** el burro der Esel
- [x] **D** el toro

4. ¿Qué colores lleva la bandera española?

- [ ] **A** amarillo – rojo – amarillo
- [ ] **B** rojo – blanco – rojo
- [x] **C** rojo – amarillo – rojo
- [ ] **D** azul – rojo – azul

Spanien ist der größte Olivenölproduzent und -exporteur der Welt! In Andalusien werden 82 % dieses grünen Goldes hergestellt – allein in der **provincia de Jaén** stehen 66 Millionen Olivenbäume!

Etapas históricas

Können Sie folgende Meilensteine der spanischen Geschichte in die chronologische Reihenfolge bringen?

A Guerra de Sucesión (sucesión al trono de España tras la muerte de Carlos II)

B Juan Carlos de Borbón Rey de España

C Conquista de América

D Romanización (llegan los romanos a España)

E Reconquista (rebelión cristiana contra la expansión musulmana)

F Invasión musulmana

G Guerra Civil y dictadura franquista

H Constitución de Cádiz

Richtige Reihenfolge: ______________

¡Que viva España!

Monumentos

Erkennen Sie die Sehenswürdigkeiten auf den Fotos?

A La Giralda de Sevilla

B El Acueducto de Segovia

C La Catedral de Santiago de Compostela

D Las Cibeles de Madrid

E El Monasterio de El Escorial

Españoles famosos

Sicherlich kennen Sie diese spanischen Berühmtheiten und können sie ihren Berufen zuordnen.

1. ~~Enrique Iglesias~~
2. Miguel de Cervantes
3. Ferran Adrià ✓
4. Pedro Almodóvar
5. ~~Rafael Nadal~~
6. Javier Bardem ✓
7. ~~Fernando Alonso~~

4 **A** director de cine

5 **B** jugador de tenis

1 **C** cantante

7 **D** piloto de fórmula 1

6 **E** actor

3 **F** cocinero

2 **G** escritor

Lenguas

Wussten Sie, dass es in Spanien vier offizielle Sprachen gibt? Vervollständigen Sie die Namen der Sprachen und ordnen Sie die Begrüßungs- und Abschiedsformeln „Guten Morgen" und „Auf Wiedersehen" der jeweiligen Sprache zu.

1. catalán
2. __all__go
3. eu__k__r__
4. ca__ella__o

___ **A** Egun on / Agur

___ **B** Bon dia / Adéu

___ **C** Buenos días / Adiós

___ **D** Bos días / Adeus

Mit über 400 Millionen Sprechern liegt Spanisch auf Platz vier der Weltsprachen und ist in über 20 Ländern Amtssprache. Sogar in fünf amerikanischen Bundesstaaten besitzt die spanische Sprache einen offiziellen Status – aufgrund der hohen Zahl lateinamerikanischer Einwanderer im Süden der USA.

Hola, ¿qué tal?

Zwischenmenschliche Situationen: Was sagt man, wenn ...

1. ... man eine Person kennen lernt und sich vorstellt?
2. ... man sich nicht mehr an den Namen einer Person erinnert?
3. ... man eine Person auf der Straße anspricht, um etwas zu fragen?
4. ... man sich verabschiedet?

3 **A** Perdón, ¿me puede decir...?

4 **B** Bueno, hasta luego.

1 **C** Hola, soy Maribel, encantada. / Hola, soy Juan, encantado.

2 **D** ¿Cómo te llamabas?

España es una fiesta

Fiestas

Wo in Spanien finden diese Feste statt?

Fallas

Feria de Abril

Moros y Cristianos

Sanfermines

Rapa das Bestas

A Pamplona

B Valencia (Ciudad)

C Sevilla

D Galicia

E Valencia (Comunidad)

Ein ebenso bekanntes wie auch umstrittenes Fest ist die **Tomatina** in Buñol (Valencia). Im Rekordjahr 2004 kamen 380 000 Menschen zur alljährlichen Tomatenschlacht, bei der 125 Tonnen Tomaten verbraucht wurden. Angefangen hat alles im Jahr 1945, als es während einer Prozession zu einem Streit kam, bei dem die Kontrahenten schließlich zu den Tomaten griffen.

Rincones de España

Kaum ein Tag ohne ein Fest in irgendeiner Ecke Spaniens. Wie gut kennen Sie die Ecken und Winkel Spaniens? Unterstreichen Sie die richtige Antwort.

1. ¿Cuál es el río más largo de España? **Tajo / Ebro**
2. ¿Cómo se llama la capital de la comunidad de Castilla y León? **Salamanca / Valladolid**
3. ¿Cómo se llama la sierra en Mallorca? **Sierra Nevada / Tramuntana**
4. ¿En qué comunidad se ecuentran las ciudades Zaragoza y Huesca? **Aragón / Andalucía**
5. ¿Qué río pasa por Sevilla? **Guadalquivir / Duero**
6. ¿Logroño es la capital de qué comunidad? **País Vasco / La Rioja**

Religión

Im katholischen Spanien spielen die Feste mit religiösem Hintergrund natürlich eine besondere Rolle. Finden Sie in der Wortschlange die spanischen Entsprechungen für die Feiertage.

domatsemanasantadelunnavidadydnoreyesmagosytalanostodoslossantosmenoripentecostes

Die Prozessionen sind ein wichtiger Bestandteil der spanischen Karwoche. Die Träger und Begleiter der Christus- und Marienfiguren tragen lange Kutten und sind mit der typischen Spitzhaube maskiert – diese symbolisiert die Anonymität des Bußaktes.

1. Allerheiligen: ____________________
2. Pfingsten: ____________________
3. Weihnachten: ____________________
4. Heilige Drei Könige: ____________________
5. Karwoche/Ostern: ____________________

Nochevieja

„Alte Nacht“ nennt man den Silvestertag in Spanien. Wie wird er gefeiert?

1. An Silvester wird sie als Glücksbringer getragen.

- ☐ **A** ropa interior roja
- ☐ **B** lazo azul
- ☐ **C** zapato negro
- ☐ **D** sombrero grande

2. Um Punkt 12 werden sie in die Luft geschossen.

- ☐ **A** lámparas
- ☐ **B** cohetes
- ☐ **C** luces
- ☐ **D** linternas

3. Bei jedem der 12 Glockenschläge um Mitternacht wird eine gegessen.

- ☐ **A** naranja
- ☐ **B** castaña
- ☐ **C** uva
- ☐ **D** cereza

4. Wo steht die Uhr, nach der sich ganz Spanien zum Anstoßen richtet?

- ☐ **A** Catedral, Valencia
- ☐ **B** Plaza de España, Sevilla
- ☐ **C** Sagrada Familia, Barcelona
- ☐ **D** Puerta del Sol, Madrid

España es una fiesta

Los Santos Inocentes

Kennen Sie sich rund ums Scherzen aus? Die spanischen Begriffe sind ein wenig durcheinandergeraten.

Aprilscherze im Dezember? In Spanien werden am 28. Dezember, dem Tag der **Santos Inocentes**, die berühmten **inocentadas** (Aprilscherze) gemacht.

1. Scherz: ARBMO ____________
2. Witz: TSEHCI ____________
3. lachen: ISERER ____________
4. lustig: IOGRCAOS ____________
5. Freude: GRALIAE ____________
6. weinen: ROLLAR ____________
7. beleidigt: FAENDODA ____________

Felicitaciones

Glückwünsche auf Spanisch: Was sagt man, wenn man ...

1. ... zum Geburtstag gratulieren möchte?
2. ... einen Toast ausbringen möchte?
3. ... auf das neue Jahr anstößt?
4. ... zur Prüfung, zur Geburt u. Ä. gratuliert?
5. ... das Hochzeitspaar hochleben lassen möchte?
6. ... jemanden für seine gute Arbeit loben möchte?
7. ... jemandem Mut zusprechen oder ihn aufmuntern will?

___ **A** ¡Que vivan los novios!

___ **B** ¡Ánimo, ánimo!

___ **C** ¡Feliz cumpleaños!

___ **D** ¡Un brindis!

___ **E** ¡Feliz año nuevo!

___ **F** ¡Qué bien lo has hecho!

___ **G** ¡Enhorabuena! / ¡Felicidades!

Eine spanische Hochzeit sollten Sie unbedingt miterleben! Die **lista de invitados** (Gästeliste) ist schier unendlich, um die 200 Gäste sind absolut normal. Das Essen dauert mehrere Stunden, und immer wieder hört man die Zwischenrufe: **¡Que se besen! ¡Que se besen!** (Aufforderung an das Brautpaar, sich zu küssen)

Wie gut kennen Sie sich in der spanischen Weihnacht aus?

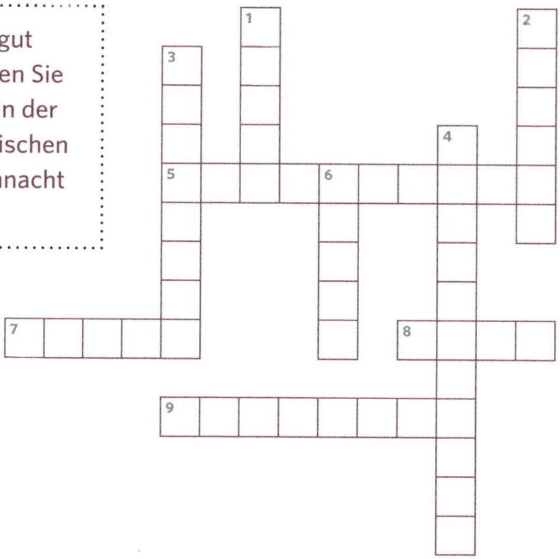

¡Feliz Navidad!

1. Engel
2. spanische Variante des Türkischen Honigs, mit Nüssen
3. typisches spanisches Weihnachtsgebäck
4. Mitternachtsmesse
5. Weihnachtslied
6. Tannenbaum
7. Krippe
8. Kerze
9. Stern

Diese Zutaten benötigt man für den traditionellen Dreikönigskuchen. Ordnen Sie zu.

1. azúcar	10.	A Rum
2. una figurita	4.	B Eier
3. levadura prensada	6.	C Butter
4. huevos	2.	D eine kleine Figur
5. sal	11.	E Mehl
6. harina	9.	F Milch
7. frutas confitadas	3.	G Trockenhefe
8. mantequilla	5.	H Salz
9. leche	1.	I Zucker
10. ron	8.	J Mandeln
11. almendras	7.	K kandierte Früchte

Los Reyes Magos

Am 6. Januar gibt es den traditionellen **Roscón de Reyes**, in dem eine kleine Figur versteckt ist. Wer sie in seinem Kuchenstück findet, muss den **roscón** bezahlen. Die Weihnachtsgeschenke bekommt man in Spanien übrigens nicht an Heiligabend, sondern am 6. Januar, und zwar von den **Reyes Magos** (den Heiligen Drei Königen).

Orgullosa y diferente

Barcelona es diferente

Barcelona ist anders,
tickt anders und spricht anders.
Die katalanische Metropole mit ihren **modernistischen** Bauten und dem unvollendeten Wahrzeichen der Stadt, der **Sagrada Familia**, ihrer Weltoffenheit und Toleranz, der Wahrung und vehementen Verteidigung ihrer eigenen **Sprache und Kultur** bildet den Gegenpol zur konservativen spanischen Hauptstadt **Madrid**.
Rivalität pur im Fußball und vor allem auf politischer Ebene: Stellvertretend für ganz Katalonien ist Barcelona **anders** und **stolz** darauf.

Sant Jordi

Traditionsgemäß schenkt man sich in Barcelona und ganz Katalonien am Tag des **Sant Jordi**, dem 23. April, eine **Rose** oder ein **Buch**. Die Rose als Symbol der Liebe an diesem Tag zu verschenken geht auf das 15. Jahrhundert zurück. Erst 1926 wurde der **Sant Jordi** zum **Tag der Literatur**, als Gedenken an den Todestag des bekanntesten spanischen Schriftstellers **Miguel de Cervantes**. Das Geschäft blüht: Bis zu 7 Millionen Rosen werden an diesem Tag verkauft!

Orgullosa y diferente

En Cataluña

Wie gut kennen Sie Katalonien? Kreuzen Sie an.

1. En Cataluña se habla
   - ☐ **A** español.
   - ☐ **B** catalán.
   - ☐ **C** vascuence.

2. El símbolo de Cataluña es
   - ☐ **A** el burro.
   - ☐ **B** el toro.
   - ☐ **C** el perro.

3. La Sardana es
   - ☐ **A** una tapa.
   - ☐ **B** una bebida.
   - ☐ **C** un baile.

4. Los castells son
   - ☐ **A** torres humanas.
   - ☐ **B** castillos famosos.
   - ☐ **C** monumentos romanos.

Aufgrund geschichtlicher und kultureller Besonderheiten nimmt **Cataluña**, neben Galicien, dem Baskenland und Navarra, eine Sonderstellung innerhalb der Regionen Spaniens ein. Das stärkere Bedürfnis nach Autonomie führte beispielsweise dazu, dass Katalonien eine eigene Polizei hat, die **Mossos d'Esquadra**.

En las provincias catalanas

Die vier Provinzen Kataloniens haben einiges zu bieten. Was ist richtig?

Gönnen Sie sich ein Menü der Extraklasse im Restaurant des Spitzenkochs Ferran Adrià. Allerdings sollten Sie frühzeitig reservieren – die Tische sind bis zu einem Jahr im Voraus ausgebucht!

- ☐ **1.** La provincia de Barcelona es conocida por su cava.
- ☐ **2.** El restaurante del cocinero Ferran Adrià, «El Bulli», es muy barato.
- ☐ **3.** En la provincia de Lleida se cultivan hasta 900 millones de kilos de fruta por año.
- ☐ **4.** En Figueres se encuentra el museo de Picasso.
- ☐ **5.** Tarragona es Patrimonio de la Humanidad por sus monumentos romanos.
- ☐ **6.** Los vinos del Priorat de la provincia de Tarragona están entre los mejores de España.

Barcelona y sus monumentos

Erkennen Sie die Sehenswürdigkeiten auf den Fotos?

Barcelona diente vielen Regisseuren als Filmkulisse. Unter anderem wurden „Das Parfüm“, „L'Auberge Espagnole“ und „Todo sobre mi madre“ *(Alles über meine Mutter)* hier gedreht.

1 

2 

3 

4 

5 

A Sagrada Familia

B Catedral

C Monumento a Colón

D Casa Milà (La Pedrera)

E Mercado de la Boquería

El modernismo

Der **modernismo** prägt das Stadtbild Barcelonas. Kennen Sie sich im katalanischen Jugendstil aus? Ordnen Sie zu.

1. Els quatre gats
2. Antoní Gaudí
3. Lluís Domènech
4. Parc Güell

2. **A** bekanntester Architekt des Modernismus

3. **B** Erbauer des Castell dels tres dragons

4. **C** berühmte Gartenanlage von Gaudí

1. **D** Café, das als Treffpunkt der Modernisten galt

In keiner anderen Stadt gibt es so viele Bauwerke, die zum UNESCO-Weltkulturerbe gehören! Insgesamt sind es neun, und alle gehören zum **modernismo**.

Orgullosa y diferente

Pa amb tomàquet

Lecker und doch einfach ist diese katalanische Spezialität, die auf keinem Tisch fehlen darf. Bringen Sie das Rezept für **pan con tomate** in die richtige Reihenfolge.

A Partir los tomates por la mitad y restregarlos en el pan.

B Rociar con aceite de oliva.

C Cortar el pan payés en rebanadas. Se puede tostar previamente.

D Espolvorear con un poco de sal.

Richtige Reihenfolge: ______________

El Barça

Was bedeuten diese Fußballbegriffe?

1. portero
2. gol
3. penalti
4. arbitro
5. falta

___ A Elfmeter

___ B Schiedsrichter

___ C Torwart

___ D Foul

___ E Tor

In der Nationalmannschaft, der **Furia Roja**, spielen sie erfolgreich zusammen, ansonsten sind es die Erzrivalen schlechthin: die Spieler von Real Madrid und FC Barcelona. Diese Rivalität geht weit über das Sportliche hinaus. Während Real Madrid für das zentralistische Spanien und das **Franco-Regime** steht, symbolisiert **Barça** die Unabhängigkeit und Andersartigkeit der Katalanen.

¿Parles català?

Finden Sie heraus, was die folgenden katalanischen Wörter auf Deutsch bedeuten! Und wie lautet die spanische Entsprechung?

Catalán, Amtssprache in Katalonien, ist allgegenwärtig. Verkehrsschilder und Tafeln in Bars, Cafés und Supermärkten sind oft nur einsprachig auf Katalanisch beschriftet.

1. Benvinguts.

2. Si us plau.

3. Bon profit.

4. Gràcies.

___ **A** Danke. ____________

___ **B** Bitte. ____________

___ **C** Guten Appetit! ____________

___ **D** Herzlich willkommen! ____________

Deportes

Welche sechs Sportarten haben sich hier versteckt?

A	M	N	A	T	A	C	I	O	N	E	N	A	S
U	E	O	E	T	R	O	U	L	T	T	A	I	T
R	L	M	B	A	L	O	N	C	E	S	T	O	N
O	C	I	C	L	I	S	M	O	N	G	A	Z	A
S	O	L	E	X	A	S	B	A	I	E	A	U	T
V	B	A	A	T	L	E	T	I	S	M	O	A	Y
B	A	L	O	N	M	A	N	O	N	I	C	H	E

De lo que se come se cría

Especialidades

1

2

Woher stammen diese spanischen Spezialitäten? Ordnen Sie jede der richtigen Ursprungsregion zu.

A Andalucía

B Cataluña

C Galicia

D La Mancha

E Valencia

F Alicante

3

4

5

6

Made in Spain

Welche spanischen Produkte sind so beliebt, dass sie inzwischen auch in unseren Supermarktregalen heimisch sind? Finden Sie jeweils das richtige Produkt.

1.
- ☐ A aceitunas
- ☐ B almendras
- ☐ C anchoas
- ☐ D alubias

2.
- ☐ A agua mineral
- ☐ B licor 43
- ☐ C batido de vainilla
- ☐ D zumo de limón

3.
- ☐ A mantequilla
- ☐ B aceite de oliva
- ☐ C aceite de girasol
- ☐ D margarina

4.
- ☐ A salchichas
- ☐ B albóndigas
- ☐ C carne
- ☐ D chorizo

El jamón

Was wäre Spanien ohne seinen **jamón**? Können Sie die Fakten rund um das Thema Schinken richtig verbinden?

1. Der **jamón serrano** ist luftgetrocknet und gesalzen und stammt
2. Der **jamón ibérico** stammt
3. Der nussige Geschmack des **pata negra** kommt
4. Der **pata negra** gilt als einer der besten Schinken der Welt und
5. **Cerdos ibéricos** findet man vor allem in

___ **A** kann über 100 Euro pro Kilo kosten.

___ **B** von den **bellotas** (Eicheln), mit denen die Schweine gemästet werden.

___ **C** Andalucía und Extremadura.

___ **D** vom gewöhnlichen Hausschwein.

___ **E** vom dunkelhäutigen **cerdo ibérico** und wird auch **pata negra** genannt.

Wussten Sie, dass ein Spanier im Durchschnitt 2,39 kg **jamón** pro Jahr isst? Der **jamón** wird vor allem wegen seiner gesunden Fette geschätzt, die den Bestandteilen des Olivenöls sehr ähneln. Deshalb wird er auch liebevoll **el aceite de oliva de cuatro patas** genannt.

De compras

Wer nicht ins Restaurant geht, kauft selbst ein und kocht. Finden Sie die sieben größten und beliebtesten **supermercados**?

A	H	I	P	E	R	C	O	R	T	E	S	T	E
U	D	A	U	R	I	A	O	L	E	T	A	I	Q
T	E	L	C	O	R	T	E	I	N	G	L	E	S
O	S	T	A	S	I	U	T	E	O	G	C	Z	A
S	A	L	E	K	A	S	Y	A	D	I	A	U	T
I	R	I	T	I	R	E	T	R	A	M	M	A	Y
M	E	R	C	A	D	O	N	A	S	U	P	E	E
A	D	E	L	A	C	A	R	R	E	F	O	U	R

De lo que se come se cría

En el restaurante

Wenn man in einer großen Runde zusammen isst, ist es unüblich, getrennt zu bezahlen: Jeder gibt seinen Anteil in einen Topf und dann wird zusammen bezahlt. Die **propina** (Trinkgeld) lässt man einfach auf dem Tisch oder in dem Schälchen, in dem man das Rückgeld bekommt, liegen.

Was sagen Sie, wenn ...

1. ... Sie bezahlen möchten?
2. ... Sie eine Vorspeise bestellen?
3. ... Sie eine Nachspeise möchten?
4. ... Sie das Fleisch ohne Beilage möchten?

___ **A** De primero unos mejillones al vino, por favor.

___ **B** Sin guarnición, por favor.

___ **C** Me trae la cuenta, por favor.

___ **D** ¿Qué tiene de postre?

La gastronomía

Kennen Sie sich in der spanischen Küche aus? Zu welchem Gericht gehören die genannten Hauptbestandteile?

1. cocido madrileño
2. pisto
3. ensaladilla rusa
4. torrijas
5. flan

___ **A** pan viejo

___ **B** garbanzos y carne

___ **C** leche

___ **D** calabacines y tomates

___ **E** patatas

Dichos

Können Sie die Redewendungen rund um das Verb **comer** richtig zusammenbringen?

1. comer a dos
2. comerse el
3. Donde comen dos, comen
4. sin comerlo ni
5. no comerse ni una

___ **A** mundo

___ **B** beberlo

___ **C** carrillos

___ **D** rosca

___ **E** tres.

Es gibt hunderte von Redewendungen rund um das Thema Essen. Dies zeigt, welch hohen Stellenwert es in Spanien hat. Vor allem der soziale Aspekt des gemütlichen Beisammenseins spielt dabei eine wichtige Rolle im spanischen Alltag. Kennen Sie auch die Bedeutung unseres Kapiteltitels **De lo que se come se cría?** – *Man ist, was man isst.*

Comida rápida

Wie heißen diese Schnellgerichte auf Spanisch?

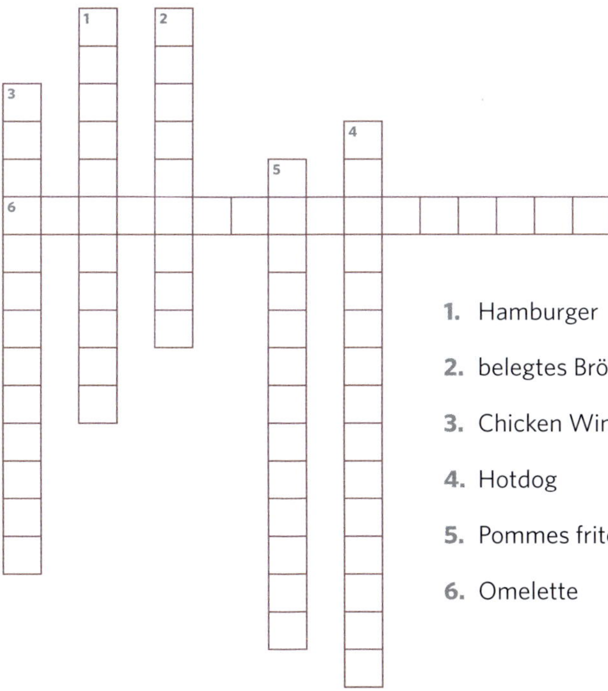

1. Hamburger
2. belegtes Brötchen
3. Chicken Wings
4. Hotdog
5. Pommes frites
6. Omelette

En el Mediterráneo

¡Del blanco puro al rosado intenso!

Mehr als 4 Millionen Mandelbäume gibt es auf Mallorca. Tauchen Sie ein in das Meer der **flor de almendra** (Mandelblüte), die im Januar und Februar die Insel schmückt. Die Früchte, die **almendras**, sind beliebt und begehrt. Nach Kalifornien ist Mallorca der zweitgrößte Mandelproduzent der Welt!

La naturaleza mallorquina

Schon Frédéric Chopin und seine Geliebte, die Schriftstellerin George Sand, waren fasziniert von der **naturaleza mallorquina** und ließen sich in ihren Werken von ihr inspirieren. Die heute berühmte **Cartuja de Valldemossa** (Kartause von Valldemossa) war im Winter 1938/39 ihre Unterkunft. Auch Persönlichkeiten wie die Schriftsteller **Jorge Luis Borges**, **Jovellanos** und **Rubén Darío** verweilten während ihres Besuches dort.

En el Mediterráneo

Las Islas Baleares

Welche vier Inseln gehören zu den Balearen? Finden Sie sie auf der Karte?

___ A Formentera

___ B La Gomera

___ C Menorca

___ D El Hierro

___ E Mallorca

___ F Fuerteventura

___ G Lanzarote

___ H Ibiza

Made in Mallorca

Welche weltweit bekannten Produkte werden auf Mallorca hergestellt?

- ☐ **1.** los zapatos Camper
- ☐ **2.** la ensaimada (un tipo de dulce)
- ☐ **3.** pelotas de fútbol
- ☐ **4.** perfume de flor de almendra
- ☐ **5.** el cava Freixenet
- ☐ **6.** perlas artificiales
- ☐ **7.** el coche Seat Ibiza
- ☐ **8.** las botas cowboy Tony Mora

Mit einem Anteil von 75 % bildet der Tourismus das Rückgrat der mallorquinischen Wirtschaft. Jährlich kommen bis zu 10 Millionen Gäste, die dafür sorgen, dass Mallorca das höchste Pro-Kopf-Einkommen Spaniens hat!

Puntos de interés

Kennen Sie die Sehenswürdigkeiten auf den Fotos?

1

2

3

4

5

- **A** Catedral de Palma
- **B** Naveta des Tudons
- **C** La Cartuja de Valldemossa
- **D** Castillo de Bellver
- **E** Torrent de Pareis

Mallorca y sus famosos

Welche berühmten Persönlichkeiten verstecken sich hinter den Aussagen?

1. Nació en Mallorca.

- ☐ **A** Pedro Almodóvar
- ☐ **B** Rafael Nadal
- ☐ **C** Julio Iglesias

2. Entre los años 1956 y 1983 vivió en Mallorca.

- ☐ **A** Joan Miró
- ☐ **B** Pablo Picasso
- ☐ **C** Salvador Dalí

3. En 1956 pasaron su luna de miel en las Baleares.

- ☐ **A** Sofia Loren & Carlo Ponti
- ☐ **B** Grace Kelly & Raniero de Mónaco
- ☐ **C** Jacqueline & John F. Kennedy

4. Todos los años veranean en Mallorca.

- ☐ **A** la Familia Real Española
- ☐ **B** el equipo nacional de fútbol
- ☐ **C** la orquesta nacional de España

En el Mediterráneo

La vida mediterránea

Was ist charakteristisch für das mediterrane spanische Leben?

- ☐ **1.** La mayoría de las tiendas están abiertas entre las 14:00 y las 17:00 hrs.
- ☐ **2.** En España se suele tomar solamente un café para el desayuno.
- ☐ **3.** El almuerzo es a las 12:00 hrs. en punto.
- ☐ **4.** Durante la hora de la siesta hay mucha gente en la calle.
- ☐ **5.** En España se cena entre las 21:00 y las 22:30 hrs.
- ☐ **6.** La cena típica es algo ligero a base de pan.
- ☐ **7.** A los españoles les gusta quedar con amigos fuera de casa.

In Spanien sind die Uhrzeiten ein wenig nach hinten verschoben. Vor 21.00 Uhr sucht man vergeblich ein Restaurant, in dem man zu Abend essen kann. Auch das Ausgehen wird tief in die Nacht verlagert. Meistens trifft man sich nicht vor 23.00 Uhr, dafür geht es aber bis in die frühen Morgenstunden und endet mit den typischen **churros con chocolate.**

¡Vamos a la playa!

Sind Sie gewappnet für das Strandleben? Was sagen Sie, wenn ...

1. ... Sie nach dem Preis für zwei Liegen und einen Sonnenschirm fragen?

2. ... Sie Lust auf ein Eis oder ein kühles Bier haben?

3. ... es ein wirklich heißer Tag ist?

4. ... das Wasser eiskalt ist?

5. ... Sie eine Luftmatratze kaufen möchten?

___ **A** ¿Tiene colchonetas?

___ **B** ¡Qué calor hace hoy!

___ **C** ¡El agua está helada!

___ **D** ¿Cuánto cuestan dos hamacas con sombrilla?

___ **E** ¿Dónde hay un quiosco por aquí?

El mar

Ist Ihr Wortschatz „meertauglich“?
Finden Sie die spanischen Entsprechungen.

1. sie leben im Wasser
2. wenn das Wasser zurückgeht
3. findet man am Strand in Hülle und Fülle
4. Pflanzen im Wasser und manchmal eine Plage
5. große Sandberge
6. Fortbewegungsmittel auf dem Wasser
7. Erhebung des Wassers und wichtig zum Surfen

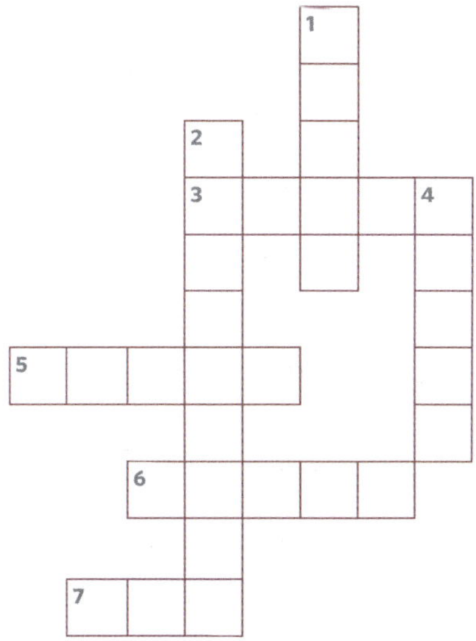

Deportes náuticos

An Land sieht man vor allem **ciclistas**. Aber finden Sie auch die fünf Wassersportarten, die wir hier versteckt haben?

enlasbuceoconlaremoquesisurfenlasoesquíacuáticotambinopvelayconelastroyma

En el quiosco

Periódicos y revistas

Kennen Sie die großen spanischen Zeitungen und Zeitschriften? Finden Sie acht Namen in der Wortschlange und ordnen Sie diese den drei Kategorien zu.

deholaydisielmundonoselpaisqueamarcaytrmbasdloabcquesidiezminutosenlavanguardiacon

prensa general	prensa deportiva	prensa rosa

In Spanien werden die Zeitungen meistens nicht abonniert, sondern am Kiosk gekauft. Nach dem Lesen gibt man sie oft weiter, sei es zu Hause, in der Bar oder bei der Arbeit. Deshalb sind die Verkaufszahlen im Vergleich zur großen Leserschaft relativ gering.

Famosos en la prensa

Wer steht als was im Rampenlicht der spanischen Presse? Ordnen Sie zu.

1. Duquesa de Alba ___
2. David Bisbal ___
3. Leonor de Borbón y Ortiz ___
4. Carmen Maura ___
5. José Tomás ___
6. Fernando Torres ___

A torero
B futbolista
C actriz
D una de las mujeres más ricas de España
E cantante
F Princesa de Asturias

Televisión y radio

Wie bewandert sind Sie in der Welt des spanischen Fernsehens und Radios?

Der Fernseher ist aus dem spanischen Leben nicht wegzudenken. Von morgens bis abends im Dauereinsatz ist er ein ständiger und lautstarker Begleiter, sowohl **en casa** als auch **en el bar**.

1. TVE 1 y La 2 son
2. Los 40 Principales es
3. Las cadenas de televisión privadas más conocidas son
4. La emisora de radio más antigua y la que cuenta con más oyentes se llama
5. Pepa Bueno y Ana Blanco son

___ **A** Cadena SER.

___ **B** Antena 3 y Telecinco.

___ **C** dos famosas presentadoras del telediario.

___ **D** dos cadenas públicas de televisión.

___ **E** una emisora de radio muy popular.

Mortadelo y Filemón

Der berühmteste **tebeo** *(Comic-Heft)* aus Spanien ist weltweit bekannt. Welche Informationen sind richtig? Unterstreichen Sie.

1. El autor de Mortadelo y Filemón se llama **Ángel de la Calle / Francisco Ibáñez**.
2. En Alemania las historietas son publicadas bajo el nombre **Clever & Smart / Phil & Mort**.
3. Los tebeos se han traducido a **tres / dieciocho** idiomas.
4. Los dos protagonistas de Mortadelo y Filemón son **agentes secretos / maestros**.
5. Otros dos personajes se llaman **Zipi y Zape / Ofelia y profesor Bacterio**.
6. El primer tebeo se publicó en **1958 / 1982**.

Seit dem Boom der achtziger Jahre zieht **Mortadelo y Filemón** mit den ganz Großen gleich und gilt als der spanische Asterix. Pro Jahr erscheinen sechs Ausgaben(dreimal so viele wie von Asterix). In Deutschland ist die Comicreihe auch sehr bekannt, wurde jedoch mittlerweile eingestellt.

En el quiosco

En el quiosco

Was sagen Sie, wenn ...

1. ... Sie eine deutsche Zeitung suchen?
2. ... Sie eine Zeitschrift mit Kreuzworträtseln möchten?
3. ... Sie wissen möchten, wann der Kiosk schließt?
4. ... Sie ein Erfrischungsgetränk möchten?

___ **A** ¿Dónde están los crucigramas?

___ **B** ¿Hasta qué hora está abierto el quiosco?

___ **C** ¿Qué refrescos tiene?

___ **D** ¿Tiene prensa alemana?

Golosinas y más

Was hat der **quiosco** um die Ecke außer Lektüre noch im Repertoire? Vielleicht ein paar **golosinas** *(Süßigkeiten)* oder etwas zum Knabbern? Und wie heißt was auf Spanisch?

A caramelos
B helados
C pipas
D chicles
E piruletas
F patatas fritas
G gusanitos

1
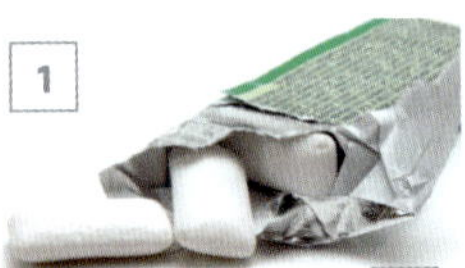

2

3

4

5

6

7

Haben Sie Lust auf etwas Buchstabensalat?

Viendo la tele

1. Fernbedienung: MANTEDOLE ____________
2. Nachrichten: ICNOASTI ____________
3. Programm: GROPAMRA ____________
4. Film: LILACUPE ____________
5. Fernsehroman: NOTELAVELE ____________
6. Reportage: CUDOTALMEN ____________

Finden Sie alle Kommunikationsmedien, die sich hier verstecken? Wie viele sind es?

Medios de comunicación

B	E	J	A	L	R	D	I	N	F	O	G	U	S
T	E	L	E	V	I	S	I	O	N	E	S	I	E
E	D	I	U	E	I	A	O	L	E	T	A	N	Q
L	E	S	C	N	R	T	F	E	A	I	M	T	A
P	E	R	I	O	D	I	C	O	O	G	C	E	A
V	A	O	E	T	A	S	O	A	D	I	A	R	T
I	R	I	T	A	R	E	N	R	A	M	U	N	Y
D	E	R	C	T	E	L	E	F	O	N	O	E	E
I	F	O	L	A	Y	O	T	A	M	B	I	T	T
Y	Q	J	N	G	R	A	D	I	O	X	S	M	E
R	E	V	I	S	T	A	B	O	R	H	U	J	D
A	F	I	C	E	M	O	J	A	Y	H	L	Q	U

¡Ole con ole!

Federico García Lorca

Geprägt durch seine Herkunftsregion Granada und tief verbunden mit der andalusischen Kultur zählt er zu den bedeutendsten spanischen Schriftstellern und Dichtern des 20. Jahrhunderts: **Federico García Lorca**. In seinen Werken spiegeln sich die Landschaft, die Leidenschaft und das pure Leben Andalusiens in all ihren Facetten wider. Lorcas Gedichte und Verse wurden von namhaften **Flamencosängern** wie **Camarón de la Isla, Carmen Linares** und vielen anderen vertont. Wegen seiner gesellschaftskritischen Arbeiten wurde Lorca 1936 zu Beginn des spanischen Bürgerkriegs vom rechten Lager ermordet.

Baladilla de los tres ríos

El río **Guadalquivir**
va entre **naranjos y olivos**.
Los dos ríos de Granada
bajan de la nieve al trigo.
¡Ay, amor
que se fue y no vino!
El río Guadalquivir
tiene las barbas granates.
Los dos ríos de **Granada**,
uno **llanto** y otro **sangre**.
¡Ay, amor que se fue por el aire!
Para los barcos de vela
Sevilla tiene un camino;
por el agua de Granada
sólo reman los **suspiros**.
[…]
(aus: Federico García Lorca,
Baladilla de los tres ríos)

¡Ole con ole!

Ciudades

A Granada B Sevilla

C Córdoba D Cádiz

Erkennen Sie diese andalusischen Städte?

Historia

Andalusien ist geprägt durch den muslimischen Einfluss. Unterstreichen Sie die richtige Antwort in den geschichtlichen Fakten.

1. Entre el siglo V y principios del siglo VIII reinaban en la mayoría del territorio ibérico **los visigodos** *(Westgoten)* **/ los romanos.**
2. En los años 711 - 718 empezaron a conquistar **los árabes / los romanos** el sur de la península.
3. El reino de los árabes se llamaba **Al-Gharb / Al-Ándalus**.
4. La última ciudad que se rindió 1492 ante la reconquista cristiana fue **Sevilla / Granada**.
5. Los árabes trajeron a España por ejemplo la seda y el algodón e inventaron un sistema **de irrigación** *(Bewässerungssystem)* **/ de canalización**.
6. Uno de los monumentos árabes más conocidos es **la Alhambra de Granada / la Catedral de Sevilla**.

Im Jahr 1492 wurde Boabdil, der König der letzten muslimischen Hochburg, besiegt. Der Ort, von dem aus er seufzend einen letzten Blick auf Granada und seine verlorene Burg warf, heißt **Suspiro del Moro** (Seufzer des Mauren).

Flamenco

Wie gut kennen Sie sich im Flamenco aus? Kreuzen Sie die richtige Antwort an.

1. El flamenco nació en

- ☐ **A** Cataluña.
- ☐ **B** Andalucía.
- ☐ **C** Extremadura.

2. El flamenco se compone por el baile, el toque y

- ☐ **A** el cante.
- ☐ **B** el aplauso.
- ☐ **C** el silencio.

3. Un instrumento típico es

- ☐ **A** el tambor.
- ☐ **B** el violín.
- ☐ **C** el cajón.

4. Un guitarrista famoso del flamenco nuevo es

- ☐ **A** Joaquín Cortés.
- ☐ **B** Paco de Lucía.
- ☐ **C** Camarón.

Abseits der touristischen Flamencoshows können Sie in kleinen **tablaos** noch den echten Flamenco erleben. Lassen Sie sich mitreißen von der **pasión** (Leidenschaft) dieses Lebensgefühls und rufen Sie: **¡Óle!**

Música española

Spaniens Musiker sind auch außerhalb der Landesgrenzen bekannt. Können Sie die Namen dieser berühmten Sänger und Musikgruppen vervollständigen?

1. Enrique
2. Joan Manuel
3. Héroes del
4. Alejandro
5. La Oreja de
6. Joaquín
7. David

___ **A** Van Gogh

___ **B** Bisbal

___ **C** Iglesias

___ **D** Serrat

___ **E** Sabina

___ **F** Silencio

___ **G** Sanz

¡Ole con ole!

Gazpacho andaluz

In der andalusischen Hitze hilft eine kalte Suppe. Füllen Sie die Lücken dieses typischen Rezeptes mit den Zutaten von oben aus.

1. Cortar ____________________ en cuatro trozos.
2. Limpiar y cortar el ____________________.
3. Pelar y cortar el ____________________.
4. Poner todas las verduras cortadas en el vaso de la batidora, añadir el __________ y batirlo todo.
5. Condimentar con __________, __________, __________ y batir nuevamente.
6. Meter en la nevera y servirlo muy frío.

Un chiste

Die Einwohner von Lepe, einem andalusischen Dorf in der Nähe von Huelva, sind die Ostfriesen Spaniens. Wie geht dieser Witz weiter?

¿Por qué los Leperos nunca salen de Lepe?

☐ **A** Por el tráfico que hay al salir.
☐ **B** Por el cartel «Huelva» al final del pueblo.
☐ **C** Por el toro en la última casa.

Hätten Sie gewusst, dass diese und viele andere spanische Alltagsbegriffe aus dem Arabischen kommen?

Palabras de origen árabe

senkrecht
1. blau
3. Artischocke
4. null
5. Baumwolle

waagerecht
1. Zucker
2. Kissen
5. Bürgermeister
6. Schach

Vor den Arabern eroberten und beeinflussten viele andere Volksstämme Spanien. Wie viele finden Sie in der Wortschlange?

Otras influencias

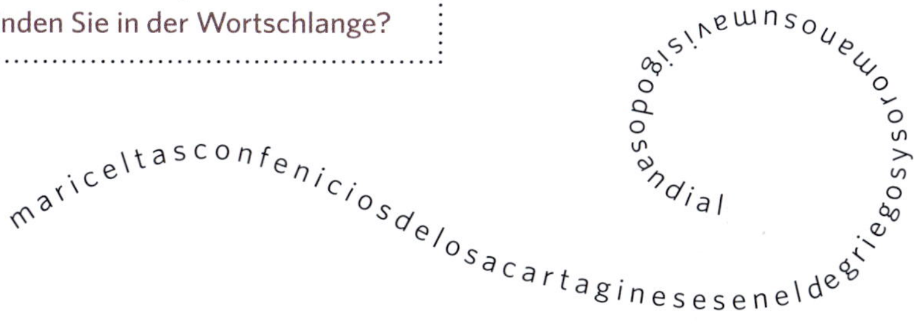

Cambio de tercio

Tauromaquia

Kennen Sie sich in der umstrittenen Tradition des Stierkampfes aus?

Der Stierkampf nach heutigen Regeln wurde erstmals im 18. Jahrhundert in Ronda ausgeführt. Wussten Sie übrigens, dass Stiere die rote Farbe überhaupt nicht wahrnehmen können? Somit macht nicht etwa die **muleta** (das rote Tuch) die Stiere aggressiv, sondern ihre Angst und die Schmerzen, die ihnen während der **corrida** zugefügt werden.

1. Una corrida de toros se divide en tres partes que se llaman
2. El hombre montado en el caballo es el
3. En la segunda parte se le clavan al toro
4. La música que acompaña la corrida es el
5. El máximo trofeo para un torero después de una o dos orejas es el

___ **A** pasodoble.

___ **B** tercios.

___ **C** banderillas.

___ **D** rabo.

___ **E** picador.

Sanfermines

Das berühmteste Fest rund um den Stier findet in Pamplona statt. Welche Antwort ist richtig?

1. ¿Cuándo se celebran los Sanfermines?
   En agosto. / En julio.
2. ¿Cómo se llama el recorrido delante de los 6 toros?
   Encierro. / Encanto.
3. ¿Cómo se llama el inicio de la fiesta en el que se lanza un cohete?
   Chupinazo. / Pelotazo.
4. ¿En qué época nacieron los Sanfermines?
   En la época moderna. / En la época medieval.
5. ¿Qué vestimenta es típica de los Sanfermines?
   Un pañuelo rojo. / Un sombrero negro.

In welchen Städten stehen diese bekannten Stierkampfarenen?

1. Plaza de toros de las Ventas
2. Plaza de toros de la Maestranza
3. Plaza de toros los Califas
4. Plaza de toros de la Misericordia

___ A Córdoba

___ B Madrid

___ C Zaragoza

___ D Sevilla

Plaza de toros

Die **Plaza de toros Monumental** in Barcelona ist ein sehenswertes byzantinisch-maurisches Bauwerk, das vor allem für große Konzerte und Zirkusveranstaltungen genutzt wird, denn in **Cataluña** ist der Stierkampf per Volksabstimmung im Jahr 2010 verboten worden.

Die **plaza de toros** von Zaragoza ist eine der ältesten Stierkampfarenen Spaniens. Was wissen Sie über die Comunidad Aragón und ihre Hauptstadt **Zaragoza**?

Zaragoza

1. El nombre de Aragón proviene de
   - ☐ A un monte.
   - ☐ B un río.
   - ☐ C un santo.

2. Por Zaragoza pasa el río
   - ☐ A Ebro.
   - ☐ B Tajo.
   - ☐ C Duero.

3. En 2008 se celebró en Zaragoza
   - ☐ A la final de la Eurocopa.
   - ☐ B la Exposición Internacional.
   - ☐ C la inauguración de los Juegos Olímpicos.

4. De Zaragoza viene el grupo de rock
   - ☐ A El Canto del Loco.
   - ☐ B La Oreja de Van Gogh.
   - ☐ C Héroes del Silencio.

Cambio de tercio

Als Werbeträger für den englischen Brandy-, Sherry- und Weinhersteller Osborne wurde 1956 die erste schwarze Tafel in Stierform erschaffen. Inzwischen schmücken rund 90 Stiere die Landschaft, und aus dem Markensymbol ist ein Wahrzeichen Spaniens geworden.

Brandy y más

Neben dem bekannten Veterano aus dem Hause Osborne hat Spanien eine Reihe anderer flüssiger Spezialitäten zu bieten. Was ist was?

1. Pacharán
2. Licor 43
3. Anis del Mono
4. Crema Catalana
5. Orujo
6. Hierbas

___ **A** Tresterbrand aus Galicien

___ **B** Kräuterlikör aus Ibiza

___ **C** Gewürzlikör mit deutlichem Vanillegeschmack

___ **D** Anis-Schlehen-Likör

___ **E** Anisschnaps

___ **F** Cremelikör, der an ein traditionelles Dessert erinnert

¿Quedamos para...?

Sie wollen sich verabreden. Was sagen Sie, wenn ...

1. ... Sie vorschlagen, etwas trinken zu gehen?
2. ... Sie lieber ins Kino gehen möchten statt ins Restaurant?
3. ... Sie am vorgeschlagenen Tag schon etwas anderes vorhaben?
4. ... Sie nach dem Treffpunkt fragen?

___ **A** ¿Quedamos mejor otro día? Es que ya tengo un compromiso.

___ **B** ¿Dónde quedamos?

___ **C** ¿Qué tal si vamos a tomar una copa?

___ **D** ¿Y qué te parece si vamos a ver una película?

Piropos

Eine kleine Schmeichelei gefällig? Vervollständigen Sie die **piropos** mit den angegebenen Wörtern.

A hueso
B curvas
C chocolate
D bizco
E estrella

1. ¡Cuántas ______________ y yo sin frenos!
2. ¡Quisiera ser ______________ para derretirme en tu boca!
3. ¡Quién fuera ______________ para verte dos veces!
4. ¡Flaca, tírame un ______________!
5. ¿Qué hace una ______________ volando tan bajito?

Der Sage nach entstanden die **piropos** im 12. und 13. Jahrhundert am spanischen Königshof. Da es verboten war, seine Leidenschaft auszuleben, suchte man nach einer verbalen Alternative, um seine Gefühle auszudrücken. Heute werden sie meistens scherzhaft einer Frau hinterhergerufen, ohne dass ernste Absichten dahinterstecken.

Animales

Nicht nur Stiere, sondern auch Pferde spielen in Spanien eine wichtige Rolle. Welche acht Tiere finden Sie hier?

O	C	A	B	R	L	L	A	P	O	N	E	R	O
S	D	A	E	E	I	N	A	E	L	G	A	I	C
A	E	V	P	N	R	P	H	R	B	A	S	T	E
N	E	A	E	A	T	A	O	R	A	T	O	N	T
T	S	C	A	B	A	L	L	O	L	O	A	N	R
I	R	A	D	U	R	O	N	R	I	M	U	E	O
D	E	L	I	R	E	M	I	M	A	L	O	S	P
I	E	S	T	R	E	A	L	A	C	A	B	R	A
C	S	I	O	O	N	R	L	M	I	N	E	L	C

Todos los caminos llevan a Santiago

Cabo de Finisterre

Im Mittelalter glaubte man, hier sei das **Ende der Erde** (lat. finis terrae) und der Anfang einer unheimlichen und unbekannten Welt. Umwoben von Legenden und Sagen ist das an der **Costa de la Muerte** gelegene Kap ein magischer Ort und gilt heute vielen Pilgern als eigentliches Ende des **Camino de Santiago** (Jakobsweg), angezeigt durch den Markierungsstein Kilometer null. Viele Pilger praktizieren hier heute noch das alte Ritual: **bañarse en el mar, quemar la ropa y ver la puesta del sol.**

El mar de cerca

Über den harten Alltag der **pescadores** und den Weg der Delikatessen vom Meer auf den Teller kann man hier viel erfahren. Der zunehmende **turismo pesquero** in Galicien bietet verschiedene Attraktionen an, beispielsweise: Fahrten auf dem Fischerboot, bei denen man beim Fischfang einfach nur zusehen oder auch mitmachen kann; Führungen in Häfen und Fischverarbeitungshallen; den Besuch einer Fischkonservenfabrik; Kochkurse für die richtige Zubereitung der **pescados y mariscos** (Fische und Meeresfrüchte).

Todos los caminos llevan a Santiago

La costa noroeste

Kennen Sie sich aus in den nördlichen Regionen **Galicia**, **Asturias** und **Cantabria**? Welche der genannten Städte liegen direkt am Meer?

Galicia wird auch das Land der 1 000 Flüsse genannt: Fjordähnliche Einbuchtungen, die **rías**, prägen das Küstenbild und sind der Herkunftsort der berühmten galicischen Miesmuscheln. Mit 250 000 Tonnen im Jahr ist Galicien nach China der bedeutendste Miesmuschelproduzent der Welt!

- ☐ **1.** Santander
- ☐ **2.** Oviedo
- ☐ **3.** La Coruña
- ☐ **4.** Santiago de Compostela
- ☐ **5.** Pontevedra
- ☐ **6.** Gijón

Economía gallega

Was wissen Sie über die Wirtschaft der grünen Region Galicien? Unterstreichen Sie das Richtige.

1. El 95 % **de la fruta / del pescado y marisco / de la carne** en España viene de Galicia.

2. Una de las empresas **textiles / automotrices / de informática** más grandes del mundo es gallega.

3. **Vigo / Barcelona / La Coruña** es uno de los puertos de pesca más importantes a nivel mundial.

4. **La construcción / La agricultura / La energía** juega un papel importante en la economía de Galicia.

5. En Galicia cada año se producen grandes daños económicos a causa de **incendios forestales** *(Waldbrände)* **/ la contaminación de los ríos / los accidentes de tráfico.**

Die bekannteste Marke des galicischen Textilunternehmens **Inditex S.A.** ist zweifelsohne **Zara**. Wussten Sie, dass der Gründer dieser Weltfirma, Armancio Ortega, der reichste Mann Europas ist? Im Vergleich zu anderen Milliardären ist sein Verhältnis zu den Medien von Scheu geprägt: Bis heute hat er kein einziges Interview gegeben!

Begeben Sie sich auf den Jakobsweg und ordnen Sie zu.

El camino de Santiago

1. El camino más conocido y frecuentado es
2. El símbolo de peregrinaje desde la Edad Media es
3. El camino de Santiago es
4. El camino lleva hasta
5. En el año 1982 vino de visita
6. Al final del camino los peregrinos reciben

___ A Patrimonio de la Humanidad.

___ B la vieira (Jakobsmuschel).

___ C el sepulcro del apóstol Santiago el Mayor.

___ D la Compostela (un certificado).

___ E el camino francés.

___ F el Papa Juan Pablo II.

Welche Sehenswürdigkeiten sind auf den Fotos zu sehen?

Monumentos del norte

1

2

3

4

5

A Castillo de Ponferrada en Castilla y León

B Cueva de Altamira en Cantabria

C Torre de Hércules en La Coruña

D Villa Quijano (El Capricho de Gaudí) en Cantabria

E Puente romano en Asturias

Todos los caminos llevan a Santiago

Influencia celta

Die Kelten haben in der Kultur Galiciens Spuren hinterlassen. Finden Sie die richtige Antwort?

1. Un instrumento típico gallego es

☐ **A** el piano.
☐ **B** la gaita.
☐ **C** la flauta.
☐ **D** el violín.

2. El nombre Galicia viene de

☐ **A** la palabra galaxia.
☐ **B** los galos.
☐ **C** los clanes celtas.
☐ **D** los romanos.

3. Las pallozas son

☐ **A** puentes altos.
☐ **B** pelotas de piedra.
☐ **C** carros de madera.
☐ **D** casas redondas.

4. Un significado casi sagrado tienen

☐ **A** las piedras.
☐ **B** los árboles.
☐ **C** los pájaros.
☐ **D** las ovejas.

Carlos Nuñez gilt als König der **gaita**, des galicischen Dudelsacks, und verzaubert mit seiner keltischen Musik Zuhörer auf der ganzen Welt. 2004 wirkte er beim Soundtrack des oscargekrönten Films **Mar Adentro** (*Das Meer in mir*) mit, in dem Javier Bardem die Hauptrolle spielt.

Famosos de Galicia

Kennen Sie diese berühmten Galicier? Ordnen Sie zu.

1. autor del relato «La lengua de las mariposas» que fue llevado a la pantalla

2. recibió el Premio Nobel de Literatura en 1989

3. actuó en la película «Mar adentro»

4. famoso en el mundo de la moda

5. grupo de música folk y celta

___ **A** Adolfo Domínguez

___ **B** Manuel Rivas

___ **C** Camilo José Cela

___ **D** Milladorio

___ **E** Mabel Rivera

Pulpo a la gallega

Wie bereitet man den Oktopus nach galicischer Art zu? Bringen Sie das Rezept in die richtige Reihenfolge.

A Sacar el pulpo del agua y ponerlo en una fuente.

B Servir el pulpo en un plato de madera con una base de patatas. Salar, espolvorear con el pimentón y rociar con un poco de aceite.

C Pelar, lavar y trocear las patatas a la mitad. Cocerlas en el agua del pulpo durante 15 minutos.

D Cocer el pulpo durante unos 45 – 50 minutos a fuego medio.

E Cortar el pulpo con unas tijeras y cortar las patatas en rodajas.

F Cuando hierva el agua «asustamos» al pulpo: meter y sacar 3 – 4 veces el pulpo de la cazuela.

G Poner al fuego una cazuela grande con agua y una cebolla pelada entera.

Richtige Reihenfolge: ______________________

Pescados y mariscos

Kennen Sie sich bei Fisch und Meeresfrüchten aus?

1. mejillones **2.** pez espada **3.** gambas
4. ostras **5.** atún

___ **A** Thunfisch ___ **B** Garnelen ___ **C** Miesmuscheln

___ **D** Schwertfisch ___ **E** Austern

Peatones y seatones

Desarrollo económico

Der Seat 600, liebevoll **seiscientos** genannt, wurde zum Statussymbol und zum Zeichen des hart erarbeiteten Wohlstands. Er teilte die Gesellschaft in **peatones y seatones** (Fußgänger und Seatfahrer)!

Können Sie die Informationen zur spanischen Wirtschaftsgeschichte mit den angegebenen Begriffen ergänzen?

1. Durante el siglo XIX solamente el ______________ y ______________ pudieron desarrollar una industria importante.
2. Después de la Guerra Civil España estuvo ______________ a nivel político y económico.
3. En los años 50 y 60 empezó a abrirse el sistema y comenzó el ______________.
4. Un ejemplo fue la ______________ del famoso Seat 600.
5. El ______________ empezó a florecer y España se convirtió en el líder turístico del mundo.
6. Hoy en día España lucha contra una tasa de ______________ de las más altas en Europa.

aislada

Cataluña

turismo   milagro económico

paro   País Vasco   producción

Grandes empresas

Finden Sie acht Namen großer spanischer Unternehmen und ordnen Sie sie der jeweiligen Branche zu.

LASANTANDERYELIBERIADINTELEFONICARSINREPSOLPO

RTLACAIXADELBBVAGRACIMAPFRECONERENFECES

banco	seguro	transporte	petróleo y gas	telecomunicaciones

Aeropuertos

Können Sie diese Flughäfen der richtigen Stadt zuordnen?

1. Barajas
2. El Prat
3. La Paloma
4. La Parra
5. Son Sant Joan
6. San Pablo
7. Manises

___ A Sevilla

___ B Bilbao

___ C Valencia

___ D Barcelona

___ E Madrid

___ F Jerez de la Frontera

___ G Palma de Mallorca

El AVE

Kennen Sie sich mit der spanischen Alternative zum Flugzeug und zum Auto aus?

1. AVE es el nombre para
2. La red del AVE llega a
3. En 1992 se inauguró la primera línea del AVE entre
4. En solamente 95 minutos se hace el viaje entre
5. El AVE llega a una velocidad de
6. La red de alta velocidad es la más larga de
7. El AVE pertenece a

Spanien besitzt nicht nur das längste Hochgeschwindigkeitsnetz Europas, sondern auch das zweitlängste weltweit nach China. Mit dem AVE kommt man in zweieinhalb Stunden von Madrid ins 623 km entfernte Barcelona.

___ A Europa.

___ B Madrid y Sevilla.

___ C los trenes de alta velocidad.

___ D la RENFE.

___ E los 2 665 km.

___ F 310 km/h.

___ G Madrid y Valencia.

Peatones y seatones

Dinero

Kennen Sie die Ausdrücke rund ums Thema Geld?

1. no tener ni un duro
2. tener mucha pasta
3. cara o cruz
4. andar mal de dinero
5. ser tacaño
6. derrochar el dinero
7. dinero suelto

___ A geizig sein

___ B Kleingeld

___ C keinen Cent haben

___ D Geld verprassen

___ E viel Kohle haben

___ F nicht viel Geld haben

___ G Kopf oder Zahl

En el banco

Was sagen Sie, wenn ...

1. ... Sie einen Geldautomaten suchen?
2. ... Sie Geld wechseln möchten?
3. ... Sie Geld überweisen möchten?
4. ... Sie ein Konto eröffnen möchten?
5. ... Sie das abgehobene Geld in großen Scheinen möchten?
6. ... Ihre Bankkarte vom Automaten eingezogen wurde?

___ A Me lo da en billetes grandes, por favor.

___ B Quiero abrir una cuenta, por favor.

___ C ¿Dónde hay un cajero automático?

___ D ¿Me puede cambiar esto, por favor?

___ E Quiero hacer una transferencia, por favor.

___ F El cajero se ha quedado con mi tarjeta.

En el trabajo

Finden Sie sich in der spanischen Arbeitswelt zurecht?
Die Buchstaben sind ein wenig durcheinandergewirbelt.

1. Vertrag: NTOCARTO ______
2. Personalabteilung: CUERSSOR MNAHSUO ______
3. Gehalt, Lohn: LDOSEU ______
4. Kollege: ÑCPOAMREO ______
5. Überstunden: RSHOA XTREAS ______
6. Schichtdienst: NRTOU ______
7. Gehaltsabrechnung: OANMIN ______
8. Gewerkschaft: CTSIANDOI ______
9. Meeting: NRUEOIN ______

Profesiones

Welche Berufe haben sich hier versteckt?

T	E	N	D	E	F	O	N	T	A	N	E	R	O
E	D	A	E	E	I	N	O	L	L	T	A	I	Q
L	E	R	P	N	R	B	R	E	B	I	S	T	A
P	E	D	E	N	T	I	S	T	A	G	C	E	M
V	A	I	N	T	A	S	I	A	Ñ	I	A	N	E
I	R	O	D	A	R	A	N	R	I	M	U	E	C
D	E	L	I	T	E	O	C	U	L	I	S	T	A
R	A	N	E	O	Y	O	T	A	M	B	I	S	N
C	C	O	N	T	A	B	L	E	I	N	E	L	I
A	N	E	T	E	A	T	R	I	R	E	L	A	C
S	I	R	E	L	J	A	R	D	I	N	E	R	O

De camino al nuevo mundo

Las Canarias

Geprägt durch die **idas y vueltas** zwischen Spanien und Amerika, die Reisen zwischen Alter und Neuer Welt, die immer über die Kanarischen Inseln führten, ist die **influencia sudamericana** auf den Inseln bis heute sicht- und hörbar: in der Sprache (**el acento y vocabulario canario**), bei Festen wie **los carnavales**, in der Präsenz und Beliebtheit der **música latina** (**salsa, merengue y reggaeton**) und natürlich in der **gastronomía**.

Lanzarote

Wie keinem anderen Künstler ist es **César Manrique** gelungen, seine Kunstwerke in die Landschaft der Insel Lanzarote zu integrieren. Die riesigen **Juguetes del viento** inmitten eines Kreisverkehrs, der **Jardín de Cactus** mit seinen 10 000 Kakteen, der Aussichtspunkt **Mirador del Río**, das in einer Höhle liegende Kunst- und Kulturzentrum **Jameos del Agua** und das **LagOmar**, der frühere Wohnsitz des Schauspielers Omar Sharif, zeigen die Vielfalt seiner Arbeit. Als Naturschützer setzte Manrique sich dafür ein, dass seine Insel Lanzarote ihre kulturelle und landschaftliche Identität behielt und nicht vom Massentourismus überrollt wurde.

De camino al nuevo mundo

Las Islas Canarias

Finden Sie die Namen der sieben Kanarischen Hauptinseln?

E	N	L	A	G	O	M	E	R	A	N	T	I	S
L	R	A	N	D	R	E	N	I	S	I	A	T	O
S	I	N	L	A	I	S	L	O	Y	A	T	E	R
E	P	Z	A	N	D	I	S	D	E	L	E	N	D
G	R	A	N	C	A	N	A	R	I	A	R	E	I
A	I	R	C	O	N	U	N	L	I	P	C	R	S
R	N	O	P	A	L	E	S	E	N	A	E	I	P
D	E	T	E	R	I	O	C	O	S	L	R	F	A
O	O	E	L	H	I	E	R	R	O	M	O	E	R
R	S	M	E	N	O	R	D	E	L	A	M	N	A
A	F	U	E	R	T	E	V	E	N	T	U	R	A
D	E	P	O	Q	U	E	R	E	R	Y	L	O	N

1. ______________
2. ______________
3. ______________
4. ______________
5. ______________
6. ______________
7. ______________

Ciudades principales

Können Sie die Hauptstädte der jeweiligen Insel zuordnen?

1. Las Palmas
2. Santa Cruz
3. Arrecife
4. Puerto del Rosario

___ **A** Lanzarote

___ **B** Gran Canaria

___ **C** Fuerteventura

___ **D** Tenerife

Entre España y América

1. ¿Cómo se llamaban las tres carabelas (Karavellen) de Cristóbal Colón?

- ☐ **A** María, José y Jesús
- ☐ **B** Pinta, Nena y Santa Ana
- ☐ **C** Pinta, Niña y Santa María
- ☐ **D** María, Dolores y Concepción

2. ¿Dónde está el Puerto de Palos del que salió Colón en 1492?

- ☐ **A** Andalucía
- ☐ **B** Murcia
- ☐ **C** Barcelona
- ☐ **D** Valencia

3. ¿Cuántos viajes realizó Colón?

- ☐ **A** dos
- ☐ **B** tres
- ☐ **C** cuatro
- ☐ **D** cinco

4. ¿Quién apoyó y financió los viajes de Colón?

- ☐ **A** los Borbones
- ☐ **B** los Reyes Magos
- ☐ **C** Carlos I
- ☐ **D** los Reyes Católicos Fernando e Isabel

Kennen Sie sich im Zeitalter von Christoph Kolumbus aus? Welche Lösung ist richtig?

Bis zu seinem Tod im Jahr 1506 glaubte Christoph Kolumbus, mit der Entdeckung Amerikas den westlichen Weg nach Asien gefunden zu haben. Erst die Weltumseglung Magellans im Jahr 1522 widerlegte diese Annahme.

Montañas y más

Der höchste Berg Spaniens befindet sich auf den Kanaren. Wie heißt er? Die hervorgehobenen Buchstaben ergeben das Lösungswort.

Lösungswort: _ _ _ _ _

1. mar en el que se encuentran las Islas Canarias _ _ _ _ _ _ ☐ _ _ _
2. montañas entre España y Francia _ _ _ _ _ _ ☐ _ _
3. principal sector económico en Canarias _ _ _ ☐ _ _ _
4. macizo montañoso en la provincia de Granada _ _ _ _ _ _   _ _ _ _ ☐ _
5. país africano al este de las Islas Canarias _ _ _ _ _ ☐ _ _ _

De camino al nuevo mundo

Cultura canaria

Können Sie die Infos zur kanarischen Kultur zusammenfügen?

1. die Ureinwohner der Kanaren
2. Ringkampf, der fest zur kanarischen Tradition gehört
3. typisches Saiteninstrument der kanarischen Inseln, ähnelt einer Ukulele
4. bis heute auf La Gomera erhaltene Pfeifsprache, mit der sich die Ureinwohner verständigten
5. von Sambarhythmen geprägtes Fest, bei dem der lateinamerikanische Einfluss deutlich wird

___ **A** el silbo

___ **B** el timple

___ **C** el carnaval

___ **D** los guanches

___ **E** la lucha canaria

Monumentos naturales

Die Kanarischen Inseln sind ein Naturerlebnis. Kennen Sie diese Naturschönheiten?

A Parque Nacional del Teide (Tenerife)

B El Roque de Bonanza (El Hierro)

C Dunas de Maspalomas (Gran Canaria)

D Parque Nacional de Timanfaya (Lanzarote)

Papas arrugadas con mojo

Bringen Sie das Rezept dieser kanarischen Spezialität in die richtige Reihenfolge.

A Escurrir las papas cocidas sin destapar del todo la cacerola.

B Poner todos los ingredientes para el mojo en una batidora.

C Poner las papas en una cacerola amplia con tapadera, cubrirlas con agua fría y echar sal gorda.

D Añadir sal y pimienta.

E Mantener la cacerola durante 10 minutos más sobre el fuego apagado y agitar cada 2 minutos.

F Comprobar con un cuchillo si las papas están cocidas.

G Tapar y cocer a fuego vivo durante 10 minutos.

Richtige Reihenfolge: ____________________

Frutas y verduras

Welches Obst bzw. Gemüse bezeichnen die spanischen Begriffe?

1. el plátano
2. la piña
3. el pimiento
4. la zanahoria
5. el ajo

___ **A** Karotte

___ **B** Paprika

___ **C** Ananas

___ **D** Banane

___ **E** Knoblauch

¿Qué me pongo?

Marcas españolas

Erkennen Sie die etwas durcheinandergewirbelten spanischen Kleider- und Schuhmarken?

1. IDSAGULE ______
2. RAMCPE ______
3. ARZA ______
4. GNOMA ______
5. NAELTULIRASTA ______
6. SHREBAK ______
7. SHYOO ______

Historia de un zapato

Bringen Sie die geschichtlichen Fakten über das mallorquinische Schuhwerk **Camper** in die richtige Reihenfolge.

Camper ist das katalanische Wort für **campesino** (Bauer). Deshalb ist die Haupteigenschaft dieser Schuhe die Bequemlichkeit. Die Marke steht auch für **tecnología, respeto a la tradición, funcionalidad** und **diseño imaginativo.**

A Hoy existen más de 200 tiendas en más de 30 países.

B A principios de los años ochenta se abrió la primera tienda en Barcelona.

C Su hijo continuó con la tradición familiar.

D Al regresar a España empezó a trabajar con artesanos de cuero de Mallorca.

E En 1992 empezó la expansión internacional.

F El zapatero Antonio Fluxà viajó en el siglo XIX a Inglaterra a conocer nuevas técnicas de calzado.

G El nieto Lorenzo Fluxà es el que creó en 1975 la marca Camper.

Richtige Reihenfolge: ______

La moda Adlib

Kennen Sie den weltberühmten Modestil der Insel Ibiza?

1. La moda Adlib está inspirada
2. Fue creada en 1971 e influenciada
3. El nombre viene
4. Características de esta moda son
5. El lema de Adlib es

___ **A** viste como quieras pero con estilo.

___ **B** del latín ad libitum y significa «a placer».

___ **C** el color blanco y los tejidos naturales.

___ **D** en la ropa típica de Ibiza y Formentera.

___ **E** por el movimiento hippi.

El Corte Inglés

Es ist das spanische Kaufhaus schlechthin und ein Symbol Spaniens. Kreuzen Sie die richtige Antwort an.

1. El Corte Inglés es

☐ **A** la tienda más grande del mundo.

☐ **B** la segunda tienda más grande de Europa.

☐ **C** la cadena de tiendas más grande de Europa.

2. Todo empezó en 1890 en Madrid con

☐ **A** una sastrería para niños.

☐ **B** un puesto de verduras.

☐ **C** un quiosco famoso.

3. Se recibe descuento durante

☐ **A** los días de rebajas.

☐ **B** la semana fantástica.

☐ **C** el mes de las maravillas.

4. ¿Cuántos Españoles compran aquí?

☐ **A** 30 %

☐ **B** 50 %

☐ **C** 80 %

El Corte Inglés (wörtl. *der englische Schnitt*) hat insgesamt über 90 Kaufhäuser in Spanien und in Portugal. Sein Erfolg basiert auf dem amerikanischen Konzept des Kaufhauses, in dem man alles an einem Ort einkaufen kann. Weltweit belegt **El Corte Inglés** den vierten Platz der größten Kaufhausketten.

¿Qué me pongo?

En un centro comercial

Ordnen Sie die Produkte den einzelnen Abteilungen eines Einkaufszentrums zu.

electrodomésticos	hogar	papelería	moda	alimentación

1. sartén
2. diccionario
3. productos lácteos
4. herramientas
5. bolso
6. carne
7. toallas
8. calculadora
9. frigorífico
10. reloj
11. lavadora

De compras

Bei der Anprobe eines neuen Kleidungsstücks: Was sagen Sie, wenn ...

1. ... Sie den Mantel anprobieren möchten?
2. ... Sie die Hose in einer anderen Farbe haben möchten?
3. ... Sie wissen möchten, aus welchem Stoff die Hose ist?
4. ... Sie die nächste Größe anprobieren möchten?
5. ... Ihnen die Schuhe zu eng sind?
6. ... Sie nicht sicher sind, ob die Jacke Ihnen steht?

___ **A** ¿Me queda bien?

___ **B** ¿Lo tiene en otro color?

___ **C** ¡Me están muy estrechos!

___ **D** ¿De que está hecho?

___ **E** ¿Me lo puedo probar?

___ **F** ¿Tiene una talla más grande?

Ropa

Was ziehen Sie heute an? Kennen Sie alle Kleidungsstücke auf Spanisch?

1. T-Shirt
2. (waagerecht) Schal
2. (senkrecht) Stiefel
3. Mantel
4. Hemd
5. Hose
6. Kleid
7. Jacke
8. Rock
9. Socken

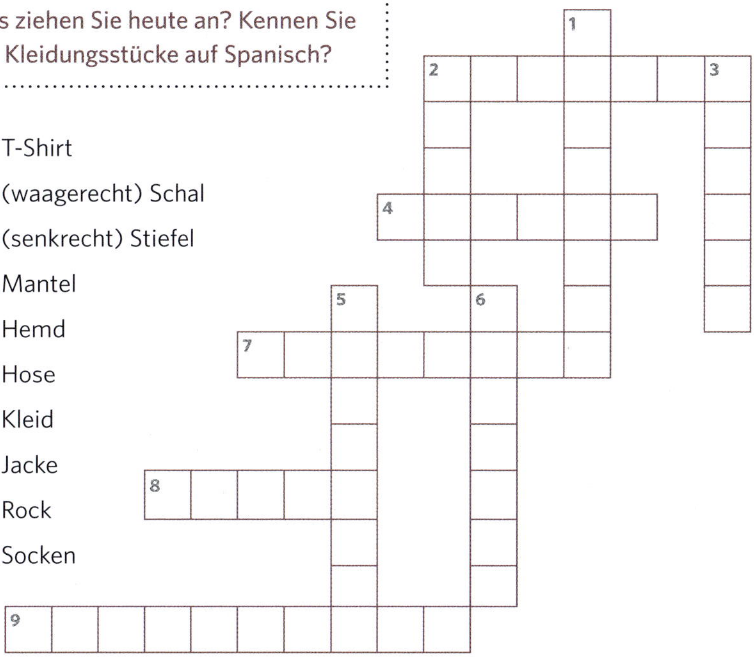

Telas

Woraus wird Kleidung gemacht? Kennen Sie diese Stoffe?

1. el algodón
2. la piel
3. la lana
4. el lino
5. la pana

___ A Leinen

___ B Baumwolle

___ C Cord

___ D Wolle

___ E Leder

De Madrid al cielo

¡Madrid nunca duerme!

Kaum eine andere europäische Metropole lebt diesen Satz so intensiv wie die spanische Hauptstadt. Hier wird die Nacht zum Tag. Unzählige **Bars** und **Clubs** reihen sich aneinander, man zieht von einem Lokal zum anderen **bis es hell wird** und die Ersten zur Arbeit fahren.

Centro geográfico, político y cultural

Ein guter Ausgangspunkt nicht nur für die nächtlichen Streifzüge durch Madrid ist die **Puerta del Sol**. Hier findet man den in Stein eingravierten **kilómetro cero**, von dem aus alle Nationalstraßen Spaniens starten. An der Puerta del Sol steht auch die berühmte Statue **El oso y el madroño** – das Wahrzeichen Madrids. Der Bär steht für den Adel und der Erdbeerbaum für den Klerus, die sich im Mittelalter Madrid und das Umland aufgeteilt hatten. Madrid ist der politische, geographische und kulturelle Mittelpunkt Spaniens. Und sagen Sie bloß nicht, dass Sie Barcelona schöner finden!

De Madrid al cielo

Madrid y sus barrios

Was zeichnet diese Madrider Stadtviertel aus?

1. Huertas
2. Chueca
3. Malasaña
4. Lavapiés
5. Moncloa / Argüelles
6. Salamanca

___ **A** barrio multicultural con gran presencia de inmigrantes

___ **B** barrio selecto y elegante con las viviendas más caras de Madrid y con muchas tiendas de lujo

___ **C** barrio estudiantil con las discotecas y los bares más importantes y famosos

___ **D** barrio de las letras en el que vivieron grandes literatos como Cervantes y Lope de Vega

___ **E** barrio gay (homosexual) desde los años 90

___ **F** barrio más alternativo y auténtico de Madrid

Im 16. Jahrhundert wurde Madrid unter den Habsburgern (**austrias**) zur Hauptstadt ausgebaut. Zahlreiche Bauwerke und Plätze, wie z. B. die **Plaza Mayor** und die **Puerta del Sol**, sind ihnen zu verdanken.

La Familia Real

Kennen Sie sich in der spanischen Königsfamilie aus? Welche Antwort ist richtig?

1. El Rey emérito Juan Carlos está casado con

- ☐ **A** María.
- ☐ **B** Sofía.
- ☐ **C** Teresa.

2. La Familia Real reside en

- ☐ **A** el Palacio Real.
- ☐ **B** el Palacio de la Zarzuela.
- ☐ **C** El Escorial.

3. Los Reyes de España se llaman

- ☐ **A** Felipe y Elena.
- ☐ **B** Carlos y Letizia.
- ☐ **C** Felipe y Letizia.

4. La Reina Letizia trabajó como

- ☐ **A** modelo.
- ☐ **B** gerente de empresas.
- ☐ **C** periodista.

Madrid y el arte

Als Kunstmetropole beherbergt Madrid Museen von Weltklasse. Können Sie diese berühmten Werke ihren spanischen Malern zuordnen?

Die drei großen Kunstmuseen Madrids **Prado, Reina Sofía** und **Thyssen-Bornemisza** liegen nicht weit voneinander entfernt am **Paseo del Prado** und bilden den **Triángulo del Arte** oder **Triángulo de Oro.**

1. La persistencia de la memoria
2. Carnaval de Arlequín
3. Los fusilamientos del tres de mayo
4. Las Meninas
5. Guernica

___ A Diego Velázquez

___ B Pablo Picasso

___ C Francisco de Goya

___ D Salvador Dalí

___ E Joan Miró

La Movida Madrileña

Kennen Sie sich aus in der Kulturbewegung, die ganz Spanien beeinflusste?

1. Sie entstand nach dem Ende der Diktatur Francos und ging bis Mitte der **80er / 90er** Jahre.
2. Typisch für die **movida** ist ein **schriller und exaltierter / ruhiger und dunkler** Stil.
3. Ein Vertreter der **movida** ist der Filmemacher **Alex de la Iglesia / Pedro Almodóvar**.
4. Die laute Musik von **Alaska / Julio Iglesias** war ebenso charakteristisch.
5. Noch heute gibt es einige Bars im Madrider Viertel **Salamanca / Malasaña**, die aus dieser Zeit stammen.
6. Der Slogan **«Madrid nunca duerme» / «De Madrid al cielo»** stammt von der **movida** und wird noch heute verwendet.

De Madrid al cielo

Alrededor de Madrid

In Madrid und drum herum … Unterstreichen Sie die richtige Lösung.

1. El río **Tajo / Manzanares** pasa por Madrid.
2. Al norte de Madrid se encuentra la **Sierra de Cazorla / Sierra de Guadarrama**.
3. Un parque famoso en el centro de Madrid se llama **El Retiro / El Descanso**.
4. El altiplano en el que se encuentra Madrid se llama **la Meseta / la Sierra Morena**.
5. El Valle **de los Caídos / de la Muerte** es un monumento cerca de Madrid en el que está enterrado el dictador Franco.
6. La ciudad universitaria y también ciudad natal de Cervantes a 31 km de Madrid se llama **Alcalá de Henares / Guadalajara**.
7. **El Escorial / El Palacio de Liria** es un complejo renacentista con palacio, basílica y monasterio cerca de Madrid.

El Rastro de Madrid

Rund um den bekanntesten Markt Spaniens. Wie lautet die richtige Antwort?

1. ¿Cuando tiene lugar el rastro? **Los domingos. / Los sábados.**
2. ¿A qué hora se puede visitar el rastro? **De 9 a 15 hrs. / De 15 a 20 hrs.**
3. ¿En qué barrio está situado? **En Malasaña. / En Lavapiés.**
4. ¿En qué año nació? **1740 / 1850**
5. ¿De dónde proviene su nombre? **Del rastro de sangre** *(Blutspur)* **que dejaban los animales muertos al salir del matadero cercano. / De los rastros que dejaba la gente que visitaba el mercado.**

Mit über 3 500 Ständen und bis zu 100 000 Besuchern kann es recht eng werden in den Straßen und Gassen des **Rastro**, der mittlerweile zu den wichtigsten Touristenattraktionen Madrids zählt.

En el mercadillo

Unterwegs auf dem Trödelmarkt:
Was sagen Sie, wenn Sie ...

1. ... wissen möchten, wie alt der Gegenstand ist?
2. ... dem Käufer nur die Hälfte des Preises zahlen wollen?
3. ... mit einem Schein zahlen, weil Sie kein Kleingeld haben?
4. ... wissen möchten, ob das Set komplett ist oder ein Teil fehlt?

___ **A** No tengo suelto.

___ **B** ¿De cuándo es esto?

___ **C** ¿Le falta una pieza o está completo?

___ **D** Le pago la mitad.

En el metro

In diesem Gitter sind neun Madrider Metro-stationen versteckt. Wie viele finden Sie?

M	O	N	D	E	S	C	I	O	T	E	S	I	O
E	E	M	B	A	J	A	D	O	R	E	S	N	Q
L	E	O	C	N	R	L	R	P	I	I	S	T	L
P	E	N	I	O	D	L	C	E	B	G	C	E	A
V	A	C	E	T	A	A	I	R	U	I	S	O	L
I	R	L	T	A	R	O	N	A	N	M	U	E	A
D	E	O	C	T	I	L	O	F	A	N	O	T	T
G	R	A	N	V	I	A	T	A	L	B	I	S	I
E	L	P	Q	U	E	S	A	R	I	A	L	O	N
A	P	L	A	Z	A	D	E	E	S	P	A	Ñ	A

De bar en bar

Las tapas

Bestimmt haben Sie schon einige der berühmten **tapas** probiert. Wie heißen die abgebildeten Leckereien?

A boquerones fritos **B** tortilla **C** albóndigas **D** aceitunas

E gambas al ajillo

Leyendas del origen

Wie sind die **tapas** entstanden? Welche dieser Legenden erzählt man sich bis heute?

☐ **1.** König Alfons X. musste aus Krankheitsgründen über den Tag verteilt regelmäßig Wein zu sich nehmen. Um den Alkohol besser zu vertragen, sollte er zwischen den Mahlzeiten kleine Häppchen zu sich nehmen.

☐ **2.** König Philip II. befahl aus Angst, vergiftet zu werden, ihm seine Getränke mit Deckeln zu servieren. Zur Dekoration und Aufmunterung des Königs wurden verschiedene Köstlichkeiten auf die Deckel gelegt.

☐ **3.** Die katholischen Könige, Isabella von Kastilien und Ferdinand von Aragón, sollen auf einer ihrer Reisen in einem Wirtshaus eingekehrt sein. Um ihren Wein vor lästigen Fliegen zu schützen, soll der Wirt ihnen eine Scheibe **jamón** auf das Glas gelegt haben.

Bebidas

Welches Getränk bekommen Sie, wenn Sie Folgendes bestellen?

1. un fino
2. una caña
3. un tinto de verano
4. un solo
5. una clara
6. un cortado

___ **A** einen Espresso mit einem Schuss Milch

___ **B** ein Radler

___ **C** einen Sherry

___ **D** ein kleines Glas Bier

___ **E** einen Espresso

___ **F** Rotwein mit Limonade und Eiswürfeln

Wenn Sie in Spanien **un café** bestellen, bekommen Sie meistens einen Espresso! Gerne trinken ihn die Spanier (auch schon am Morgen!) mit einem Schuss Cognac oder Rum. Für diese Variante müssen Sie **un carajillo** bestellen. Der normale Milchkaffee heißt **café con leche** und ist etwas stärker als in Deutschland.

En los bares

Spanische Bars sind anders und fester Teil des Kulturschocks. Verbinden Sie die passenden Aussagen.

1. La televisión
2. La gente está sentada o de pie
3. Las cascaras y las servilletas se tiran
4. La gente habla
5. En el bar
6. El bar está abierto
7. El bar es como

___ **A** muy fuerte.

___ **B** todo el día.

___ **C** hay máquinas de juego.

___ **D** el salón de los españoles.

___ **E** siempre está puesta a tope.

___ **F** al suelo.

___ **G** en la barra.

El bar hat in Spanien quasi die soziale Funktion des deutschen Wohnzimmers: Hier trifft man sich zu allen Tageszeiten mit Freunden, Bekannten, Familie und bringt Kind und Kegel mit. Auch spätabends hüpfen einem noch Kinder um die Beine. Nur die Lautstärke und die Hygiene des Fußbodens erinnern einen daran, dass es doch kein Wohnzimmer ist!

De bar en bar

Gambas al ajillo

Ergänzen Sie dieses leckere Tapasrezept mit den Wörtern aus der Zutatenliste.

1. Se pelan las ______________ y se reservan.
2. Se pone una sartén al fuego con ___________.
3. Se ponen los __________ finamente picados.
4. Antes de que empiecen a dorarse, se añaden las _____________ y las _____________.
5. Se tienen unos minutos a fuego vivo, se saltean y se les pone un poquito de _________.

De tapeo

Was macht man bei einem **tapeo** und was nicht? Kreuzen Sie die richtigen Aussagen an.

- ☐ **1.** Antes de salir la gente se reúne en casa.
- ☐ **2.** Se consumen todas las tapas en un solo bar.
- ☐ **3.** El tapeo se hace de pie.
- ☐ **4.** Cada uno paga una ronda.
- ☐ **5.** Cada uno se come su tapa.
- ☐ **6.** Con las tapas no se come pan.

Utensilios para comer y beber

Diese Gegenstände könnten Sie brauchen. Wie heißen sie auf Spanisch?

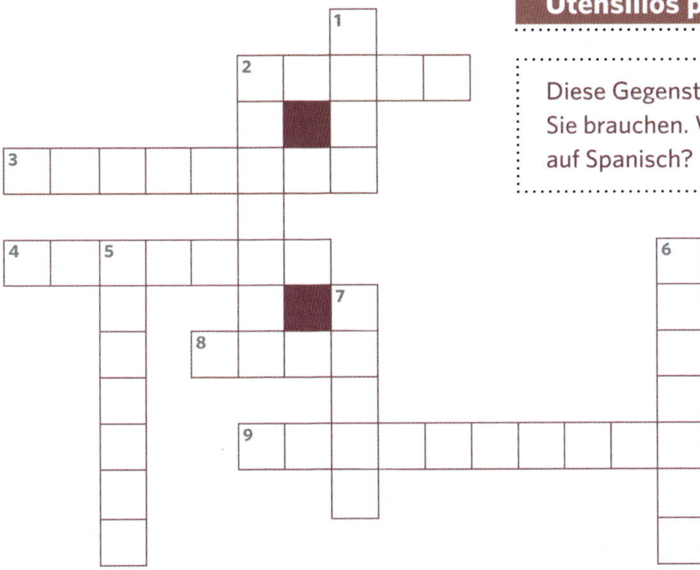

1. Glas
2. (waagerecht) Teller
2. (senkrecht) Zahnstocher
3. Messer
4. Flasche
5. Gabel
6. Löffel
7. Krug
8. Weinglas
9. Serviette

Tipos de carne

Um welche Fleischsorten handelt es sich?

1. ternera
2. pollo
3. cerdo
4. vaca

___ A Schweinefleisch

___ B Rindfleisch

___ C Hühnerfleisch

___ D Kalbfleisch

Pintxos y pelota

Verde y más verde

Die dominierende Farbe der baskischen Landschaft – **verde** – ist dem typischen feinen Regen, **txirimiri**, zu verdanken. Kaum zu glauben, dass **Euskadi** eine der am meisten industrialisierten Regionen Spaniens ist, wo das Baskenland doch so viel an unberührter Natur zu bieten hat: Hügel und Berglandschaften, die plötzlich ins Blaue des **Mar Cantábrico** fallen. Einzigartig wie die Basken, ihre Kultur und ihre Sprache.

La boina vasca

Getragen wird sie von Polizisten im **País Vasco** und in **Navarra** – aber wussten Sie, dass die **Baskenmütze** nicht aus dem Baskenland stammt, sondern aus dem französischen Béarn am Fuß der Pyrenäen? Zur Geschichte und Herstellung der **boina** erfahren Sie mehr im Museum **Boinas La Encartada**, einer ehemaligen Textilfabrik in der Nähe von Bilbao, die ein Jahrhundert lang (1892 – 1992) hauptsächlich Baskenmützen produzierte. Ein Symbol der florierenden baskischen Industrie des País Vasco, das neben Cataluña heute zu den **reichsten Regionen** Spaniens zählt.

Pintxos y pelota

Ciudades vascas

Können Sie die Städte unten den Zahlen auf der Karte zuordnen? Welche Städte davon liegen im Baskenland?

___ **A** Bilbao

___ **B** Irún

___ **C** Vitoria

___ **D** San Sebastián

___ **E** Pamplona

Política

Welche Lösung in diesem Abriss der jüngeren spanischen Geschichte ist richtig?

1. En el año 1936 en plena Guerra Civil se forma el **primer gobierno / comercio vasco**.
2. A petición de Franco Hitler bombardea en 1937 la ciudad vasca **Guernica / Bilbao**.
3. En 1959 nace la banda terrorista **ETA / IRA**.
4. Su meta es la **independencia / integración** de los territorios vascos (País Vasco, Navarra y territorios vascos en Francia).
5. Llegada la democracia el País Vasco es la **primera / última** comunidad que accede a su autonomía en 1979.
6. El Estatuto de Autonomía le **permite / prohibe** por ejemplo tener una policía propia, la Ertzaintz
7. Después de muchos actos terroristas decide ETA en el año 2011 dejar definitivamente **las armas / manifestaciones**.
8. El jefe de gobierno del País Vasco es el **lehendakari / txakoli**.

Cultura y paisaje

Ordnen Sie die Fotos zur baskischen Kultur und Landschaft richtig zu.

1 

Pelota

2 

Semana Grande

3 

Reserva de la Biosfera Urdaibai

4 

Guggenheim

A Museo en Bilbao

B Una de las zonas ecológicas más importantes de Europa

C Famosas fiestas de Bilbao, Vitoria y San Sebastián en el mes de agosto

D Deporte tradicional vasco

Cine español

Beim Internationalen Filmfestival in San Sebastián wird jedes Jahr im September die **Concha de Oro** verliehen. Ordnen Sie diese bekannten spanischen Filme ihren Regisseuren zu.

1. La comunidad (2000)
2. Todo sobre mi madre (1999)
3. Mar adentro (2004)
4. Tres metros sobre el cielo (2010)
5. Belle Époque (1992)
6. Volver a empezar (1983)

___ **A** Alejandro Amenábar

___ **B** Álex de la Iglesia

___ **C** José Luis Garci

___ **D** Pedro Almodóvar

___ **E** Fernando González Molina

___ **F** Fernando Trueba

Pintxos y pelota

Pintxos

Die baskische Variante der **tapas** sind die **pintxos**. Ergänzen Sie das folgende Rezept **Pintxos de Champiñones** mit den angegebenen Zutaten.

1. Se limpian los ______________ y se quitan los rabos. Se pican los rabos muy menuditos y se hacen un poco en la sartén y se añade ________.
2. Los sombreros se hacen también en una sartén con un poco de __________ y con el __________.
3. Después se ponen en la bandeja del horno con un poco de _______ y se echa _______.
4. Se casca un ______________ para rellenar cada hueco de los champiñones y se cubre con el picadillo de los rabos.
5. Se meten al horno, que estará precalentado a 180°, durante 6 u 8 minutos, se sacan y se sirven.

En el cine

Was sagen Sie, wenn ...

1. ... Sie zwei Kinokarten kaufen möchten?
2. ... Sie wissen möchten, ob der Film untertitelt ist?
3. ... Sie Popcorn möchten?
4. ... Sie die Uhrzeit der nächsten Vorstellung wissen möchten?

___ **A** Unas palomitas, por favor.

___ **B** ¿A qué hora es la próxima sesión?

___ **C** ¿Está subtitulada la película?

___ **D** Dos entradas para..., por favor.

Euskera

Die baskische Sprache (Euskera) ist mit keiner anderen bekannten Sprache verwandt. Bekommen Sie trotzdem heraus, was die baskischen Begriffe bedeuten?

1. hola
2. sí
3. no
4. perdón
5. gracias

___ **A** bat
___ **B** barkatu
___ **C** eskerrik asko
___ **D** kaixo
___ **E** ez

Während der Diktatur Francos (1939 – 1975) war der Gebrauch von **Euskera** im gesamten öffentlichen Bereich verboten. Erst nach dem Tod Francos (1975) wurde die baskische Sprache wieder gefördert, so dass die Sprecherzahl wuchs; heute sind es rund 800 000 Baskischsprecher. Wussten Sie übrigens, dass das Wort **izquierda** baskischen Ursprungs ist?

Hablando de películas

Lösen Sie das Kreuzworträtsel rund um das Thema Film.

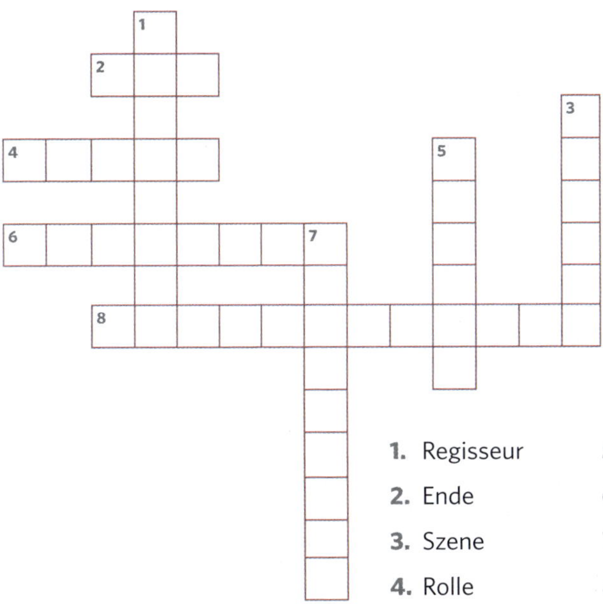

1. Regisseur
2. Ende
3. Szene
4. Rolle
5. Schauspielerin
6. Leinwand/Bildschirm
7. Handlung
8. Hauptdarsteller

De celtas, romanos y moros

Civilizaciones de España

Viele Völker hinterließen ihre Spuren in Spanien. Bringen Sie die geschichtlichen Ereignisse in die richtige Reihenfolge.

1. Varios pueblos germánicos llegan a la península en el siglo V hasta que son desplazados por los visigodos *(Westgoten)*.
2. Después de las Guerras Púnicas la península ibérica es sometida al poder de los romanos.
3. En el siglo III a. C. vienen los cartaginenses *(Karthager)* y entre ellos Aníbal enfrentándose a Roma.
4. Los cristianos inician la larga reconquista contra las musulmanes y tras su éxito empieza la expansión colonial de España.
5. Los griegos se instalan en la costa catalana encontrando allí a los iberos.
6. 1 000 a. C. llegan los celtas al norte y centro de la península y los fenicios *(Phönizier)* colonizan el sur.
7. En el siglo VII se inicia la conquista islámica.

Richtige Reihenfolge: ______________________

Patrimonio Cultural de la Humanidad

Aufgrund der wechselvollen Geschichte findet man in diesen Städten Bauten, die zum UNESCO-Weltkulturerbe gehören. Finden Sie die Städte auf der Spanienkarte?

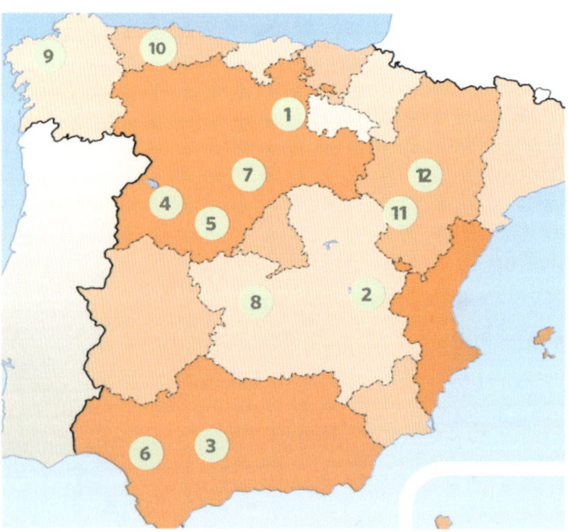

___ **A** Ávila
___ **B** Burgos
___ **C** Zaragoza
___ **D** Córdoba
___ **E** Cuenca
___ **F** Oviedo
___ **G** Salamanca
___ **H** Segovia
___ **I** Sevilla
___ **J** Toledo
___ **K** Teruel
___ **L** Santiago de Compostela

Arquitectura romana y mozárabe

Erkennen Sie diese römischen und arabischen Bauwerke?

A Giralda de Sevilla **B** Catedral Santa María de Teruel

C Acueducto de Segovia **D** Alhambra de Granada **E** Muralla de Lugo

Extremadura

Die Römer machten aus ihr eine wichtige Handelsregion und hinterließen bis heute gut erhaltene Bauwerke. Was wissen Sie über die **Extremadura**?

1. Su nombre deriva del latín Extrema Dorii que significa
2. Por aquí pasan los dos ríos más importantes de la península ibérica
3. Es mundialmente conocida por haber sido la cuna de
4. El paisaje típico, una mezcla de bosque y prado, se llama

___ **A** el Tajo y el Guadiana.

___ **B** los famosos conquistadores del Nuevo Mundo, por ejemplo Hernán Cortés.

___ **C** la Dehesa.

___ **D** el otro extremo del Duero.

De celtas, romanos y moros

Kurios und nicht so leicht zu finden ist der auf einem Totenschädel sitzende Frosch in der Fassade der Universität Salamanca. Der Legende nach soll er den Studenten, die ihn finden, Glück bei denPrüfungen bringen. Täglich sieht man auch Hunderte von Touristen bei der angestrengten Suche nach dem berühmten Frosch.

Castilla y León

Castilla y León ist die Region mit den meisten Welterbestätten. Kreuzen Sie die richtige Lösung an.

1. Castilla y León es la comunidad

- ☐ **A** más rica.
- ☐ **B** más grande.
- ☐ **C** más pequeña.

2. Su capital se llama

- ☐ **A** Burgos.
- ☐ **B** León.
- ☐ **C** Valladolid.

3. De Ávila son las famosas

- ☐ **A** zanahorias.
- ☐ **B** judías.
- ☐ **C** patatas.

4. La universidad española más antigua está

- ☐ **A** en Salamanca.
- ☐ **B** en Segovia.
- ☐ **C** en Soria.

La cuna del castellano

Was wissen Sie über die Entstehung der spanischen Sprache? Markieren Sie die richtige Antwort.

1. Como otras lenguas romances el español proviene del **griego / latín** hablado.
2. El testimonio más antiguo de la lengua española son los Cartularios de Valpuesta (*Abschriften von mittelalterlichen Urkunden*) que se conservan en **Burgos / Barcelona**.
3. En el siglo XIII **Alfonso X el Sabio / Fernando I** dio lugar al reconocimiento oficial del español.
4. Antonio de Nebrija publicó en **1492 / 1692** la primera gramática del español.
5. Los términos «español» y «castellano» tienen **el mismo / un diferente** significado.

En el museo

Was sagen Sie, wenn ...

1. ... Sie wissen möchten, wie lange die Ausstellung noch läuft?
2. ... Sie gerne fotografieren möchten?
3. ... Sie gerne eine Führung in deutscher Sprache hätten?
4. ... Sie nicht wissen, ob eine Ermäßigung für Sie in Frage kommt?
5. ... Sie die Kasse nicht finden?

___ A ¿Hay visitas guiadas en alemán?

___ B ¿Dónde está la taquilla?

___ C ¿Hasta cuándo dura la exposición?

___ D ¿Se pueden hacer fotografías?

___ E ¿Para quién es la tarifa reducida?

Nombres de ciudades

Wie hießen diese Städte früher?

1. Sevilla
2. Cádiz
3. Madrid
4. Alicante
5. Guadalajara

___ A Magerit

___ B Gadir

___ C Akra Leuké

___ D Wadi-al-Hidschara

___ E Hispalis

In Alicante soll Hannibal angeblich seine Elefanten abgeladen haben, mit denen er die Alpen überquerte, um dann Rom anzugreifen.

Mi media naranja

Valencia es...

Einen außergewöhnlichen Anblick bietet die leuchtende Stadt am Mittelmeer besonders im Mai. Dann nämlich stehen über **10 000 Orangenbäume** in weißer Blütenpracht (**azahar**) und betören mit ihrem süßlichen Duft. So sang schon José Padilla in seinem berühmten **Lied Valencia**, das in den 20er Jahren ein Hit wurde:

Valencia es la tierra de las flores,
de la luz y del amor…
Valencia al sentir como perfuma
de tus huertas el azahar…

El deporte

Die drittgrößte Stadt Spaniens leuchtet auch auf sportlichem Terrain und richtet internationale Sportveranstaltungen aus. Neben dem alljährlichen **Formel-1-Rennen Gran Premio de Europa** kommen vor allem Segler auf ihre Kosten. Bereits zweimal wurde die bekannteste und prestigeträchtigste **Segelregatta** der Welt vor der Küste Valencias ausgetragen: die **Copa de América**.

Mi media naranja

Costas y ciudades

Erkennen Sie die 3 Küsten und 3 Städte der **Comunidad Valenciana?**

1. Costa del HRAAZA ______
2. Costa CLBAAN ______
3. Costa de ACELVNAI ______
4. MBRNIDEO ______
5. TCLIAANE ______
6. INDAE ______

Curiosidades de la historia

Bringen Sie die Fakten zur Geschichte Valencias richtig zusammen.

1. Conquistó Valencia en 1094 por cuenta propia y la defendió contra los moros *(Mauren)* durante unos años convirtiéndose en héroe nacional.
2. El 9 de octubre 1238 se liberó Valencia definitivamente de los conquistadores árabes. Hoy es una fiesta regional.
3. El valenciano fue la primera lengua románica a la que se tradujo en 1478 este libro.
4. En el año 1957 un creciente del río Turia inundó gran parte de Valencia y tuvo como consecuencia su desviación.

___ **A** Día de la Comunidad Valenciana

___ **B** Gran riada de Valencia

___ **C** El Cid

___ **D** la Biblia

Monumentos

Diese Sehenswürdigkeiten sind ein Muss für jeden Valencia-Besucher. Ordnen Sie die Fotos richtig zu.

Im ehemaligen Flussbett des Turia errichtete der valencianische Stararchitekt, Santiago Calatrava, der als Nachfolger Gaudís gilt, die imposante **Ciudad de las artes y de las ciencias.** Der **Palau de les Arts**, das **Hemisfèric** und das **Oceanogràfic** sind Teil dieser futuristischen Anlage, die sich über eine Länge von fast zwei Kilometern erstreckt.

- **A** Opern- und Kulturhaus Palau de les Arts Reina Sofía
- **B** Aquarium L'Oceanogràfic
- **C** Seidenbörse Lonja de la Seda
- **D** Catedral
- **E** Kino L'Hemisfèric

La Ruta del Bakalao

Sex, drugs and rock 'n' roll auf valencianische Art. Wählen Sie die richtige Antwort.

1. La Ruta del Bakalao también es conocida como **Ruta Destroy / Ruta Negra**.
2. Se refiere a un ocio nocturno de miles de jóvenes de salir **cada fin de semana / cada fin de año** de jueves a lunes, casi sin descanso.
3. Surgió en los años **70 / 80**.
4. La Ruta del Bakalao se concentraba en **las discotecas / los restaurantes** del área valenciana, sobre todo en una carretera.
5. El bakalao es un tipo **de múscia electrónica / de pop surgido** en España.

Mi media naranja

Paella valenciana

Ingredientes:
1 Kg de pollo
500 g de conejo
200 g de judías verdes troceadas
200 g de habas troceadas
1 pimiento verde troceado
3 tomates maduros troceados
600 g de arroz
azafrán, sal, aceite de oliva

Ordnen Sie die einzelnen Schritte des wohl bekanntesten Rezepts Spaniens dem passenden Foto zu.

A Agregar agua caliente (unos 2,5 l) casi a punto de ebullición y dejar cocer hasta que la carne este tierna. Añadir azafrán y sal.

B Rehogar el pollo y el conejo troceados en aceite.

C Comprobar el nivel del agua y añadir el arroz esparciéndolo todo por igual. Dejar cocer unos 18 minutos.

D Añadir el pimiento, las judías y las habas. Dejar unos 5 minutos y añadir los tomates. Dejar cocer otros 5 minutos.

Dejar reposar unos 5 minutos antes de servir.

En la cocina

Wie viele Küchengeräte finden Sie in der Wortschlange?

aslatostadoryelesibatidoralconhervidordeaguaenlacafeterayfrigoríficonelhornomeilavavajillase

Naranjito

Das Maskottchen der Fußballweltmeisterschaft 1982 in Spanien war Naranjito. Können Sie beim Thema Fußball mitreden?

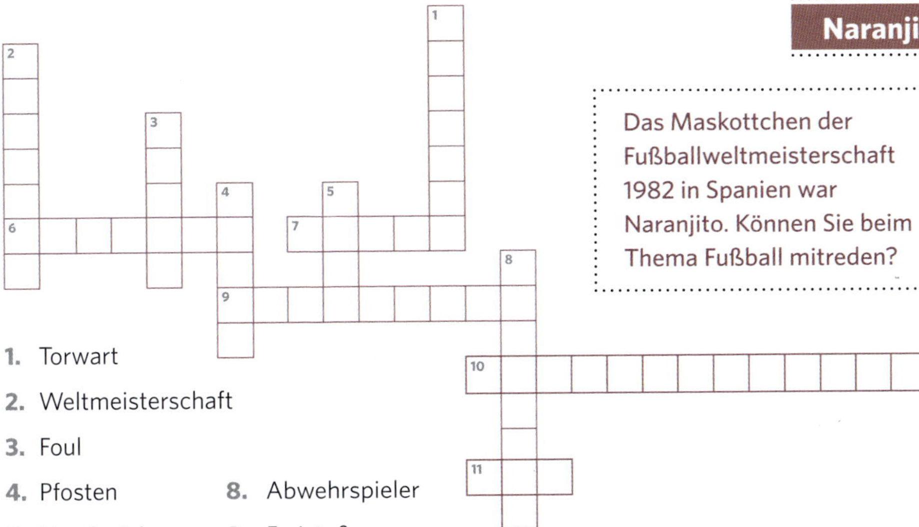

1. Torwart
2. Weltmeisterschaft
3. Foul
4. Pfosten
5. Handspiel
6. Schiedsrichter
7. Fußballfeld
8. Abwehrspieler
9. Freistoß
10. Mittelfeldspieler
11. Tor

Mi media naranja

Wie nennt man seine/n Liebste/n auf Spanisch? Ordnen Sie zu.

1. mi media naranja
2. mi esposo/a
3. mi pareja
4. mi novio/a
5. mi amante

___ **A** mein/e Partner/in

___ **B** mein/e Liebhaber/in

___ **C** mein/e Mann/Frau

___ **D** mein/e Freund/in

___ **E** meine bessere Hälfte

Por fin la democracia

España en el siglo XX

Können Sie die Ereignisse aus Spaniens jüngerer Geschichte den entsprechenden Jahreszahlen zuordnen?

1. 1923 - 1930 ___ **A** Guerra Civil
2. 1936 - 1939 ___ **B** Dictadura de General Francisco Franco
3. 1939 - 1975 ___ **C** Transición a la democracia
4. 1976 - 1982 ___ **D** Dictadura de General Primo de Rivera
5. 1978 ___ **E** Ingreso en la Comunidad Económica Europea
6. 1982 ___ **F** Ingreso en la OTAN (NATO)
7. 1986 ___ **G** España aprueba una constitución democrática

La Guerra Civil

Unterstreichen Sie die richtige Antwort in den Fakten zum spanischen Bürgerkrieg.

1. En la Guerra Civil se combatieron el bando nacional bajo el mando de Franco y el bando **republicano / popular** que defendía la Segunda República.
2. El bando nacional recibió ayuda militar de regímenes fascistas como por ejemplo **Alemania / Francia**.
3. El bombardeo de Guernica fue llevado a cabo por la Legión **Cóndor / Pastor** alemana.
4. En 2007 se aprueba **la Ley de la Memoria Histórica / la Ley de la Guerra** que reconoce oficialmente las víctimas de la Guerra Civil y la Dictadura Franquista.

Als einer, der sich, wie er selbst sagte, angesichts eines solchen Konflikts nicht gleichgültig verhalten konnte, malte **Pablo Picasso** die Bombardierung Guernicas und schuf damit sein wohl bekanntestes Gemälde. Mit seinen imposanten Maßen von 27 m^2 ist das Bild im Madrider Museum **Reina Sofía** zu sehen.

Presidentes del gobierno

Können Sie die spanischen Regierungschefs chronologisch nach ihrer Amtszeit ordnen?

A Felipe González

B Mariano Rajoy

C Leopoldo Calvo-Sotelo

D José María Aznar

E Adolfo Suárez

F José Luis Zapatero

Richtige Reihenfolge: ______________________

Sistema político

Wie gut kennen Sie sich im politischen System Spaniens aus?

1. España es una
2. El jefe del estado es
3. La base de la democracia es
4. El poder judicial lo tiene
5. El jefe de gobierno equivale
6. El parlamento se llama

___ **A** el Tribunal Constitucional (Verfassungsgericht).

___ **B** Cortes Generales.

___ **C** al Bundeskanzler alemán.

___ **D** monarquía parlamentaria.

___ **E** el Rey de España.

___ **F** la Constitución de 1978.

Die erste Verfassung Spaniens ist die sogenannte Verfassung von **Cádiz**. Da sie am 19. März 1812 verkündet wurde, dem Tag des Heiligen Josef, ist sie auch unter dem Namen **La Pepa** bekannt. (**Pepe** ist der Spitzname für **José**.)

Por fin la democracia

Partidos políticos

Welche spanischen Parteien stehen hinter den Abkürzungen?

1. PSOE ___ A Katalanisches Parteienbündnis
2. PP ___ B Sozialdemokratische Partei
3. IU ___ C Baskische nationalistische Partei
4. CIU ___ D Konservative Volkspartei
5. PNV ___ E Vereinigte Linke

Sobre España

Vervollständigen Sie die nachfolgenden Fakten über Spanien.

1. Una tercera parte de los alumnos españoles va a ______________________.
2. El término ______________ se refiere a los ataques terroristas en cuatro trenes de Madrid en el año 2004.
3. Un 70 % de la población española se declara ______________________.
4. El himno nacional se llama tradicionalmente ______________________ y no tiene letra (Text).
5. Un impuesto importante es el ______________________ (Mehrwertsteuer).

A Marcha Real B católica C IVA D escuelas privadas E 11-M

Hablando de política

Können Sie in der Politik auch auf Spanisch mitreden?

1. Gleichheit
2. Abgeordneter
3. regieren
4. Demonstration
5. Volk
6. Debatte
7. Wahlen
8. wählen
9. Macht

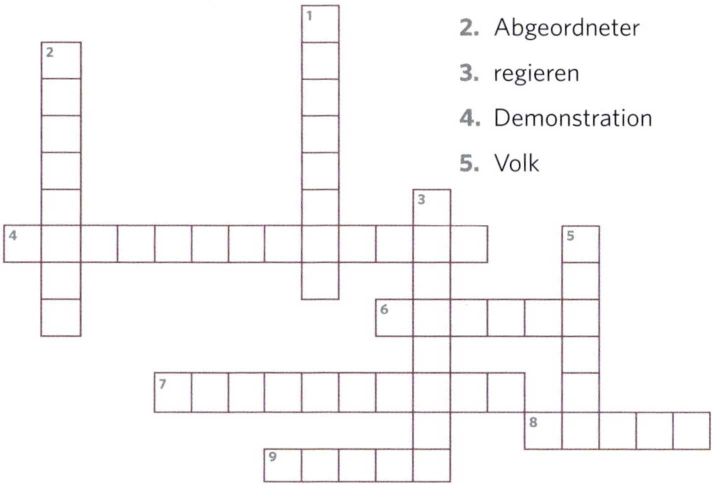

Una manifestación

Welche Begriffe haben nichts mit einer Demonstration zu tun?

- ☐ **1.** marcha
- ☐ **2.** mercado
- ☐ **3.** pancarta
- ☐ **4.** detenidos
- ☐ **5.** enfermos
- ☐ **6.** postal
- ☐ **7.** policía
- ☐ **8.** exposición
- ☐ **9.** al aire libre
- ☐ **10.** megáfono

Contra los molinos de viento

El Manchego

Ob **fresco**, **curado** oder **viejo** – der berühmteste aller spanischen Käse, **el queso manchego**, schmeckt in allen Reifegraden und passt hervorragend zu einem kräftigen **tinto**. In süßer Begleitung mit **miel y nueces** macht er aber auch als Dessert eine gute Figur.

Don Quijote de la Mancha

Don Quijote ist sicherlich der berühmteste Sohn von **La Mancha**. In **Campo de Criptana** stehen die berühmten **molinos de viento**, gegen die **Miguel de Cervantes'** Protagonist kämpfte. Zehn der in der Geschichte erwähnten Windmühlen sind dort noch zu finden, drei davon sogar original aus dem 16. Jahrhundert.

Contra los molinos de viento

En Castilla-La Mancha

Wie heißen die fünf Provinzen von **Castilla-La Mancha** und drei ihrer Flüsse?

1. Provincia de A ___ ___ a ___ e ___ e
2. Provincia de G ___ a ___ a ___ ___ j ___ ___ a
3. Provincia de C ___ u ___ ___ d R ___ ___ ___
4. Provincia de T ___ ___ ___ ___ o
5. Provincia de C ___ ___ ___ c ___
6. G ___ ___ d ___ ___ n ___
7. T ___ ___ o
8. J ___ c ___ r

Sobre la capital Toledo

Toledo selbst rühmt sich, die spanische Stadt mit den meisten Sehenswürdigkeiten zu sein. Sie weist jedenfalls eine beträchtliche Zahl an historischen Gebäuden auf und gehört deshalb auch zum UNESCO-Weltkulturerbe.

Kreuzen Sie die richtige Antwort zu Toledos Geschichte an.

1. Toledo fue antiguamente
- ☐ **A** la capital de España.
- ☐ **B** la ciudad más grande de Europa.
- ☐ **C** el emporio comercial más importante.

2. En los siglos XII y XIII Toledo destacó por
- ☐ **A** su Escuela de traductores.
- ☐ **B** sus excelentes arquitectos.
- ☐ **C** sus grandes escritores.

3. Toledo es conocida como
- ☐ **A** la ciudad de los dos ríos.
- ☐ **B** la ciudad de las tres culturas.
- ☐ **C** la ciudad de las mil ciencias.

4. En Toledo vivió y murió
- ☐ **A** Picasso.
- ☐ **B** Dalí.
- ☐ **C** El Greco.

Monumentos de Castilla

Welche Sehenswürdigkeiten sehen Sie auf den Fotos?

1

2

3

4

Einen Kontrast zum spanischen Stereotyp der weißen Häuser bilden die **pueblos negros** nördlich von Guadalajara: entlegene Dörfer, die komplett aus schwarzem Schiefer erbaut wurden.

A Catedral de Toledo

B Ciudad encantada

C Casas colgadas de Cuenca

D Lagunas de Ruidera

Literatura española

Können Sie folgende berühmte Autoren ihren Werken zuordnen?

1. Arturo Pérez-Reverte
2. Federico García Lorca
3. Camilo José Cela
4. Javier Marías
5. Lope de Vega
6. Carlos Ruiz Zafón
7. Pedro Calderón de la Barca
8. Juan Ramón Jiménez

___ **A** La sombra del viento

___ **B** Platero y yo

___ **C** La vida es sueño

___ **D** La casa de Bernarda Alba

___ **E** El club Dumas

___ **F** Corazón tan blanco

___ **G** La familia de Pascual Duarte

___ **H** Fuenteovejuna

Contra los molinos de viento

Don Quijote

Miguel de Cervantes ist wohl der bekannteste spanische Schriftsteller. Bringen Sie diese kurze Zusammenfassung seines Hauptwerkes Don Quijote in die richtige Reihenfolge.

A Con sus armas, su caballo Rocinante y desde su segunda salida acompañado por Sancho Panza corre mil aventuras.

B Generalmente sale malparado de las aventuras hasta que al final muere.

C El Quijote narra la historia de un hidalgo manchego que se vuelve loco por leer muchos libros de caballerías.

D En su mente confunde la realidad y la literatura y así la venta de un camino le parecerá un castillo y los molinos serán gigantes.

E Tiene la idea de hacerse caballero y salir de su aldea en busca de aventuras similares a las de sus libros.

Richtige Reihenfolge: ____________________

Miguel de Cervantes gilt als der Nationaldichter Spaniens. Nach ihm ist auch der bedeutendste Literaturpreis der spanischsprachigen Welt benannt, der **Premio Miguel de Cervantes,** der abwechselnd an einen spanischen und einen lateinamerikanischen Autor verliehen wird.

En la librería

Was sagen Sie in einer Buchhandlung, wenn ...

1. ... Sie einen Reiseführer suchen?

2. ... Sie die Taschenbücher nicht finden?

3. ... Sie nach reduzierten Büchern suchen?

4. ... Sie nach einem Bestseller suchen?

___ **A** ¿Dónde están los libros de bolsillo?

___ **B** ¿Dónde están los libros más vendidos?

___ **C** ¿Tiene guías de viaje?

___ **D** ¿Tiene libros de oferta?

Azafrán

Castilla-La Mancha ist bekannt für seinen Safran. Kennen Sie sich in der Welt der Gewürze aus?

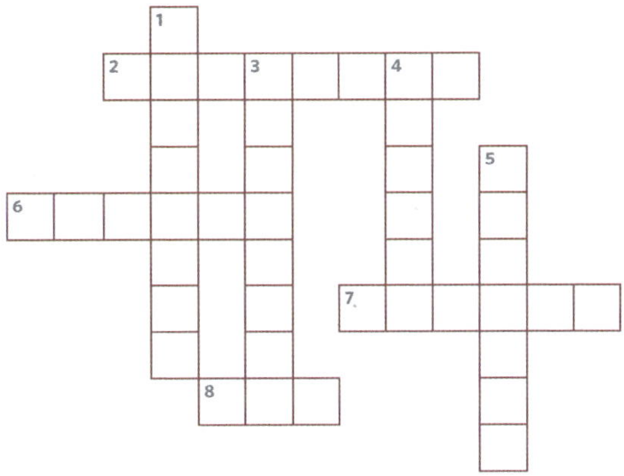

1. Pfeffer
2. Koriander
3. Basilikum
4. Rosmarin
5. Thymian
6. Zimt
7. Kümmel
8. Salz

Spanien gehört neben dem Iran zu den größten Safranproduzenten. Zusammen decken beide Länder 80 % der weltweiten Gesamternte ab. Wussten Sie, dass man zwischen 150 000 und 200 000 Blüten braucht, um in mühevoller Handarbeit ein Kilo Safran herzustellen? Kein Wunder, dass es das teuerste Gewürz der Welt ist!

Libros

Welche Begriffe haben nichts mit Büchern zu tun?

- ☐ **1.** novela policíaca
- ☐ **2.** tomo
- ☐ **3.** tapadera
- ☐ **4.** editorial
- ☐ **5.** telenovela
- ☐ **6.** página
- ☐ **7.** índice
- ☐ **8.** elector

Salud, amor y dinero

Regiones vinícolas

In welchen **comunidades** liegen diese berühmten spanischen Weinanbaugebiete?

1. Ribera del Duero
2. Rías Baixas
3. Penedés
4. Jerez
5. Rioja

___ **A** Cataluña

___ **B** La Rioja, País Vasco, Navarra

___ **C** Andalucía

___ **D** Galicia

___ **E** Castilla y León

Der Name des bekannten Likörweins *Sherry* geht zurück auf die arabische Bezeichnung Sherish für seine Heimatstadt **Jerez de la Frontera**. Im 18. und 19. Jahrhundert wurde er von englischen Handelshäusern weltweit berühmt gemacht. In Spanien heißt er allerdings **fino** und es gibt ihn in verschiedenen Ausprägungen, wie zum Beispiel **manzanilla**, **amontillado** und **oloroso**.

Cifras sobre el vino

Fakten rund um den spanischen Wein. Was ist richtig?

1. España tiene la mayor superficie de viñedo **del mundo / de Europa**.
2. Respecto a la producción de vino está en el tercer puesto **antes de / detrás de** Italia y Francia.
3. Aunque los tintos son más famosos el 50 % de la producción vinícola de España es de **vino blanco / vino rosado**.
4. Los españoles consumen **38 / 60** litros de vino por persona y por año.
5. Las primeras uvas fueron cultivadas entre los años **4000 y 3000 a. C. / 2000 y 1000 a. C.**
6. España cuenta con más de 5 000 **bodegas** (*Weingüter*) / **viticultores** (*Winzer*).

En La Rioja

Was gibt es in einer der kleinsten **comunidades** Spaniens zu entdecken?

1

2

3

4

5

Um die 500 Störche tummeln sich zur Brutzeit auf dem Dach der **Colegiata de San Miguel** in **Alfaro**, das zur Welthauptstadt der Störche ernannt wurde. Ihre riesigen Nester können ein Gewicht von über 500 Kilogramm erreichen!

- **A** Bodega
- **B** Monasterio de San Millán
- **C** Colonia de cigüeñas en Alfaro
- **D** Puente de piedra de Logroño
- **E** Huellas de dinosaurios en el Centro Paleontológico de Enciso

Clasificación de vinos

Können Sie die Weinbezeichnungen aufsteigend nach ihrer Qualitätsstufe ordnen?

A crianza **B** vino joven **C** gran reserva **D** reserva

Richtige Reihenfolge: ____________________

Salud, amor y dinero

¡Salud!

Lassen Sie uns anstoßen! Ergänzen Sie die Trinksprüche.

1. ¡Salud, amor y dinero y t __ __ m __ o para g __ z __ r l o!
2. ¡Arriba, a __ a j __, al c __ __ t __ o y adentro!
3. ¡Ch __ __ ch __ __!
4. ¡S __ __ ut i força al c __ n __ t!

En el médico

Ein Glas Wein am Tag soll die Gesundheit fördern. Was sagen Sie, sollten Sie doch einmal zum Arzt müssen, wenn ...

1. ... Sie unter Kopfschmerzen und Übelkeit leiden?
2. ... Sie seit dem letzten Essen Magenschmerzen haben?
3. ... Sie etwas gegen Durchfall brauchen?
4. ... Sie ein Attest benötigen?
5. ... Sie einen Termin verschieben möchten?

__ **A** ¿Me puede dar algo contra la diarrea?

__ **B** Me duele la cabeza y siento náuseas.

__ **C** Quiero aplazar la cita, por favor.

__ **D** ¿Me podría dar un certificado?

__ **E** Tengo dolor de estómago desde la última comida.

Sind Sie in Sachen Liebe und Geld wortsicher?

Amor y dinero

1. sich verlieben: MRSNEAAROE ______
2. heiraten: ESCSAAR ______
3. Herz: NOZRCAO ______
4. Geldschein: TBLLEIE ______
5. Münze: DNAMEO ______
6. wechseln: BCAIRAM ______

Cervezas

Wussten Sie, dass die Spanier mehr Bier als Wein trinken? Der Pro-Kopf-Verbrauch an Bier ist im europäischen Vergleich zwar einer der moderatesten, trotzdem steht Spanien heute auf Platz vier der Bierproduzenten – mit dem Anstieg der Touristenzahlen stieg seit den 70er Jahren auch die Biernachfrage in Spanien.

Finden Sie im Gitter sieben spanische Biermarken?

O	C	R	U	Z	C	A	M	P	O	N	E	R	O
S	D	A	E	E	I	N	A	L	L	T	A	I	C
A	E	R	P	N	R	B	H	E	B	I	S	T	E
N	E	D	E	A	T	I	O	T	A	G	C	E	T
T	S	A	N	M	I	G	U	E	L	I	A	N	R
I	R	O	D	B	R	A	N	R	I	M	U	E	O
D	E	L	I	A	E	O	I	M	A	L	O	S	P
I	E	S	T	R	E	L	L	A	D	A	M	M	I
C	S	I	O	A	N	R	I	M	I	N	E	L	C
A	N	E	S	D	E	V	I	C	T	O	R	I	A
S	I	R	A	C	O	N	A	L	C	O	E	R	L

Lösungen

¡Que viva España!

S. 8

Las comunidades autónomas

1. K, **2.** C, **3.** F, **4.** Q, **5.** O, **6.** H, **7.** L, **8.** B, **9.** I, **10.** J, **11.** M, **12.** G, **13.** P, **14.** A, **15.** N, **16.** D, **17.** E

Las costas

1. Costa Brava
2. Costa Dorada
3. Costa del Sol
4. Costa Blanca
5. Costa de la Luz

S. 9

Símbolos

1. B, **2.** C, **3.** D, **4.** C

Etapas históricas

Richtige Reihenfolge: D (218 v. Chr.), F (711), E (718 - 1492), C (1492), A (1701 - 1714), H (19.03.1812), G (1936 - 1939, 1939 - 1975), B (22.11.1975)

S. 10

Monumentos

1. D, **2.** A, **3.** E, **4.** B, **5.** C

Españoles famosos

1. C, **2.** G, **3.** F, **4.** A, **5.** B, **6.** E, **7.** D

S. 11

Lenguas

1. B (catalán, Katalanisch), **2.** D (gallego, Galicisch), **3.** A (euskera, Baskisch), **4.** C (castellano, Spanisch)

Hola, ¿qué tal?

1. C, **2.** D, **3.** A, **4.** B

Spanische Begrüßungs- und Abschiedsszenen sind ausgiebig. Wer macht was? Männer geben sich die Hand, bei Freunden und Bekannten darf es auch eine Umarmung sein. Frauen untereinander, ob bekannt oder unbekannt, geben sich einen **beso** rechts und einen links. Das Gleiche gilt, wenn Mann auf Frau trifft, egal ob fremd oder altbekannt.

España es una fiesta

S. 12

Fiestas

1. B, **2.** C, **3.** E, **4.** A, **5.** D

Rincones de España

1. Tajo
2. Valladolid
3. Tramuntana
4. Aragón
5. Guadalquivir
6. La Rioja

S. 13

Religión

1. Todos los Santos
2. Pentecostés
3. Navidad
4. Reyes Magos
5. Semana Santa

Noche vieja

1. A, **2.** B, **3.** C, **4.** D

Schafft man es nicht, die 12 Trauben innerhalb der 12 Glockenschläge zu essen, so bringt das ein ganzes Jahr Unglück.

S. 14

Los Santos Inocentes

1. broma
2. chiste

3. reírse
4. gracioso
5. alegría
6. llorar
7. enfadado

Der Tag der **Santos Inocentes** hat seinen Ursprung in der von König Herodes angeordneten Tötung aller Knaben Bethlehems, wie sie im Matthäusevangelium überliefert ist.

Felicitaciones
1. C, **2.** D, **3.** E, **4.** G, **5.** A, **6.** F, **7.** B

S. 15

¡Feliz Navidad!
1. ángel
2. turrón
3. polvorón
4. misa de gallo
5. villancico
6. abeto
7. belén
8. vela
9. estrella

Los Reyes Magos
1. I, **2.** D, **3.** G, **4.** B, **5.** H, **6.** E, **7.** K, **8.** C, **9.** F, **10.** A, **11.** J

Orgullosa y diferente

S. 18

En Cataluña
1. B, **2.** A, **3.** C, **4.** A

En las provincias catalanas
1. richtig
2. falsch
3. richtig
4. falsch (Es ist das Museum von Dalí.)
5. richtig
6. richtig

S. 19

Barcelona y sus monumentos
1. E, **2.** B, **3.** D, **4.** A, **5.** C

El modernismo
1. D, **2.** A, **3.** B, **4.** C

S. 20

Pa amb tomàquet
Richtige Reihenfolge: C, A, B, D

El Barça
1. C, **2.** E, **3.** A, **4.** B, **5.** D

S. 21

¿Parles català?
1. D ¡Bienvenido!, **2.** B Por favor., **3.** C ¡Buen provecho!, **4.** A Gracias.

Deportes
waagerecht: natación (*Schwimmen*), baloncesto (*Basketball*), ciclismo (*Radfahren*), atletismo (*Leichtathletik*), balonmano (*Handball*)
senkrecht: tenis

De lo que se come se cría

S. 22

Especialidades
1. E, **2.** A, **3.** B, **4.** C, **5.** D, **6.** F

Made in Spain
1. A, **2.** B, **3.** B, **4.** D

S. 23

El jamón
1. D, **2.** E, **3.** B, **4.** A, **5.** C

Im andalusischen **Parque Natural de la Sierra de Aracena y Picos de Aroche**, der Heimat des **cerdo ibérico**, kann man auf

Lösungen

der sogenannten **ruta del jamón** die wichtigsten Etappen und Orte der Schinkenherstellung von der Schweineaufzucht bis zum fertigen Produkt kennen lernen.

1

De compras
waagerecht: Hipercor, El Corte Inglés, Dia, Mercadona, Carrefour
senkrecht: Eroski, Alcampo

LÖSUNGEN

S. 24

En el restaurante
1. C, **2.** A, **3.** D, **4.** B

La gastronomía
1. B, **2.** D, **3.** E, **4.** A, **5.** C

S. 25

Dichos
1. C (comer a dos carrillos = comer con mucho apetito y rápidamente)
2. A (comerse el mundo = tener ambiciones, querer hacer algo grande)
3. E (Donde comen dos, comen tres. = Siempre hay lugar y comida para una persona más en la mesa.)
4. B (sin comerlo ni beberlo = cuando pasa algo sin pretenderlo ni buscarlo)
5. D (no comerse ni una rosca = no tener éxito, especialmente en asuntos amorosos)

Wie Sie sehen, haben die meisten dieser Redewendungen keine gastronomische Bedeutung mehr!

Comida rápida
1. hamburguesa
2. bocadillo
3. alitas de pollo
4. perrito caliente
5. patatas fritas
6. tortilla francesa

En el Mediterráneo

S. 28

Las Islas Baleares
1. C, **2.** E, **3.** H, **4.** A

Made in Mallorca
1, 2, 4, 6, 8

S. 29

Puntos de interés
1. D, **2.** A, **3.** E, **4.** B, **5.** C

Die **Naveta des Tudons** (1 000 v. Chr.) zählt zu den ältesten bekannten Bauwerken Europas. Der Legende nach buhlten in der Zeit der Riesen auf Mallorca zwei Bewerber um ein Mädchen. Der eine Riese sollte als Prüfung die **Naveta**, der andere einen Brunnen bauen. Als der eine hörte, dass sein Rivale mit dem Brunnen fertig war, erschlug er ihn vor Wut mit dem noch heute fehlenden Stein aus der Fassade der **Naveta**.

Mallorca y sus famosos
1. B, **2.** A, **3.** B, **4.** A

Der Besuch Grace Kellys auf den Balearen inspirierte die traditionsreiche mallorquinische Bäckerfamilie **Doménech**, die daraufhin einen ihrer Kekse **Quely** nannte.
Das salzige Gebäck wird bis heute erfolgreich auf Mallorca hergestellt.

S. 30

La vida mediterránea
1. falsch
2. richtig
3. falsch
4. falsch
5. richtig

6. falsch
7. richtig

Während der Mittagspause zwischen 14.00 und 17.00 Uhr sind die meisten Läden geschlossen! Das Mittag- und Abendessen fällt für deutsche Verhältnisse üppig aus und besteht fast immer aus einer warmen Mahlzeit.

¡Vamos a la playa!
1. D, **2.** E, **3.** B, **4.** C, **5.** A

S. 31

El mar
1. peces
2. marea baja
3. arena
4. algas
5. dunas
6. barca
7. ola

Deportes náuticos
buceo (*Tauchen*), remo (*Rudern*), surf (*Wellenreiten*), esquí acuático (*Wasserski*), vela (*Segeln*)

En el quiosco

S. 32

Periódicos y revistas
prensa general: El Mundo, El País, ABC, La Vanguardia
prensa deportiva: Marca, AS
prensa rosa: Hola, Diez Minutos

Famosos en la prensa
1. D, **2.** E, **3.** F, **4.** C, **5.** A, **6.** B

Die Regenbogenpresse, **prensa rosa** oder **periodismo del corazón** genannt, floriert in Spanien. Wer sich für das Leben internationaler und nationaler Berühmtheiten interessiert, hat die Wahl unter 300 verschiedenen **revistas del corazón**!

S. 33

Televisión y radio
1. D, **2.** E, **3.** B, **4.** A, **5.** C

Mortadelo y Filemón
1. Francisco Ibáñez
2. Clever & Smart
3. dieciocho
4. agentes secretos
5. Ofelia y profesor Bacterio
6. 1958

S. 34

En el quiosco
1. D, **2.** A, **3.** B, **4.** C

Golosinas y más
1. D, **2.** C, **3.** F, **4.** G, **5.** A, **6.** B, **7.** E

S. 35

Viendo la tele
1. telemando
2. noticias
3. programa
4. película
5. telenovela
6. documental

Medios de comunicación
Es sind 6 Kommunikationsmedien.
waagerecht: televisión, periódico, teléfono, radio, revista
senkrecht: internet

¡Ole con ole!

S. 38

Ciudades
1. B, **2.** D, **3.** A, **4.** C

Cádiz zählt zu den ältesten Städten Westeuropas und wurde der Legende nach von Herkules gegründet, der noch heute auf dem Stadtwappen als Gründer und Herrscher erwähnt wird.

Historia
1. los visigodos
2. los árabes
3. Al-Ándalus
4. Granada
5. de irrigación
6. la Alhambra de Granada

S. 39

Flamenco
1. B, **2.** A, **3.** C, **4.** B

Música española
1. C, **2.** D, **3.** F, **4.** G, **5.** A, **6.** E, **7.** B

Der erfolgreichste spanische Künstler der letzten Jahre, **David Bisbal**, nahm zusammen mit seinem somalischen Kollegen **K'naan** die englisch-spanische Version des offiziellen FIFA-WM-Songs 2010 *Wavin' Flag* auf. Seine Karriere begann übrigens 2001, als er den zweiten Platz bei der erfolgreichen spanischen Castingshow **Operación Triunfo** gewann.

S. 40

Gazpacho andaluz
1. los tomates
2. pimiento
3. pepino
4. ajo
5. sal, vinagre, aceite

Un chiste
B
Das Schild mit der Aufschrift »Huelva« für die nächstgelegene größere Stadt klingt in andalusischer Aussprache wie »¡Vuelva!«, was »Kehren Sie um!« bedeutet.

S. 41

Palabras de origen árabe
waagerecht:
1. azúcar
2. almohada
5. alcalde
6. ajedrez

senkrecht:
1. azul
3. alcachofa
4. cero
5. algodón

Otras influencias
celtas (*Kelten*), fenicios (*Phönizier*), cartagineses (*Karthager*), griegos (*Griechen*), romanos (*Römer*), visigodos (*Westgoten*)

Cambio de tercio

S. 42

Tauromaquia
1. B, **2.** E, **3.** C, **4.** A, **5.** D

Sanfermines
1. En julio. (06.07. - 14.07.)
2. Encierro.
3. Chupinazo.
4. En la época medieval.
5. Un pañuelo rojo.

S. 43

Plaza de toros
1. B, **2.** D, **3.** A, **4.** C

Zaragoza
1. B, **2.** A, **3.** B, **4.** C

S. 44

Brandy y más
1. D, **2.** C, **3.** E, **4.** F, **5.** A, **6.** B

¿Quedamos para...?
1. C, **2.** D, **3.** A, **4.** B

S. 45

Piropos
1. B, **2.** C, **3.** D, **4.** A, **5.** E

Animales
waagerecht: ratón (*Maus*), caballo (*Pferd*), cabra (*Ziege*)
senkrecht: vaca (*Kuh*), burro (*Esel*), paloma (*Taube*), perro (*Hund*), gato (*Katze*)

Todos los caminos llevan a Santiago

S. 48

La costa noroeste
1, 3, 5, 6

Economía gallega
1. del pescado y marisco
2. textiles
3. Vigo
4. La agricultura
5. incendios forestales

S. 49

El Camino de Santiago
1. E, **2.** B, **3.** A, **4.** C, **5.** F, **6.** D

Fällt der Tag des Heiligen Jakobus (25. Juli) auf einen Sonntag, so spricht man vom Heiligen Compostelanischen Jahr. Während des letzten Heiligen Jahres 2010 pilgerten über 270 000 Menschen auf dem **Camino de Santiago**, und über 9 Millionen besuchten die Kathedrale in **Santiago de Compostela**! Die nächsten Heiligen Jahre sind 2021 und 2027.

Monumentos del norte
1. C, **2.** D, **3.** E, **4.** A, **5.** B

S. 50

Influencia celta
1. B, **2.** C, **3.** D, **4.** A

Famosos de Galicia
1. B, **2.** C, **3.** E, **4.** A, **5.** D

S. 51

Pulpo a la gallega
Richtige Reihenfolge: G, F, D, A, C, E, B

Pescados y mariscos
1. C, **2.** D, **3.** B, **4.** E, **5.** A

Peatones y seatones

S. 52

Desarrollo económico
1. País Vasco, Cataluña
2. aislada
3. milagro económico
4. producción
5. turismo
6. paro

Grandes empresas
banco: Santander, La Caixa, BBVA
seguro: Mapfre
transporte: Iberia, RENFE
petróleo y gas: Repsol
telecomunicaciones: Telefónica

S. 53

Aeropuertos
1. E, **2.** D, **3.** B, **4.** F, **5.** G, **6.** A, **7.** C

El AVE
1. C, **2.** E, **3.** B, **4.** G, **5.** F, **6.** A, **7.** D

S. 54

Dinero
1. C, **2.** E, **3.** G, **4.** F, **5.** A, **6.** D, **7.** B

Lösungen

En el banco
1. C, **2.** D, **3.** E, **4.** B, **5.** A, **6.** F

S. 55

En el trabajo
1. contrato
2. recursos humanos
3. sueldo
4. compañero
5. horas extras
6. turno
7. nómina
8. sindicato
9. reunión

Profesiones
waagerecht: fontanero (*Klempner*), dentista (*Zahnarzt*), oculista (*Augenarzt*), contable (*Buchhalter*), jardinero (*Gärtner*)
senkrecht: dependiente (*Verkäufer*), albañil (*Maurer*), mecánico (*Mechaniker*)

De camino al nuevo mundo

S. 58

Las Islas Canarias
waagerecht: La Gomera, Gran Canaria, El Hierro, Fuerteventura
senkrecht: Lanzarote, La Palma, Tenerife

Ciudades principales
1. B, **2.** D, **3.** A, **4.** C

S. 59

Entre España y América
1. C, **2.** A, **3.** C, **4.** D

Montañas y más
1. ATLANTICO
2. PIRINEOS
3. TURISMO
4. SIERRA NEVADA
5. MARRUECOS
Lösungswort: Teide

Der **Teide** liegt auf der Insel **Tenerife** und ist mit seinen 3 718 Metern der höchste Berg Spaniens und sogar der dritthöchste Inselvulkan der Erde. Gefolgt wird er vom 3 482 Meter hohen **Mulhacén** in der **Sierra Nevada**.

S. 60

Cultura canaria
1. D, **2.** E, **3.** B, **4.** A, **5.** C

Monumentos naturales
1. D, **2.** C, **3.** A, **4.** B

S. 61

Papas arrugadas con mojo
Richtige Reihenfolge: C, G, F, A, E, B, D

Auch für die **patatas** (oder **papas**) dienten die Kanarischen Inseln als Zwischenstation auf ihrem Weg von Südamerika nach Spanien. Im 16. Jahrhundert brachten spanische **conquistadores** sie als Kuriosität mit, und heute sind sie in vielen Küchen unentbehrlich.

Frutas y verduras
1. D, **2.** C, **3.** B, **4.** A, **5.** E

¿Qué me pongo?

S. 62

Marcas españolas
Kleidermarken: 1. Desigual, **3.** Zara, **4.** Mango, **6.** Bershka, **7.** Oysho
Schuhmarken: 2. Camper, **5.** El Naturalista

Historia de un zapato
Richtige Reihenfolge: F, D, C, G, B, E, A

S. 63

La moda Adlib
1. D, **2.** E, **3.** B, **4.** C, **5.** A

El Corte Inglés
1. C, **2.** A, **3.** B, **4.** C

S. 64

En un centro comercial
electrodomésticos: 9, 11
hogar: 1, 4, 7
papelería: 2, 8
moda: 5, 10
alimentación: 3, 6

De compras
1. E, **2.** B, **3.** D, **4.** F, **5.** C, **6.** A

S. 65

Ropa
1. camiseta
2. (waagerecht) bufanda, (senkrecht) botas
3. abrigo
4. camisa
5. pantalón
6. vestido
7. chaqueta
8. falda
9. calcetines

Telas
1. B, **2.** E, **3.** D, **4.** A, **5.** C

De Madrid al cielo

S. 68

Madrid y sus barrios
1. D, **2.** E, **3.** F, **4.** A, **5.** C, **6.** B

Der von den Habsburgern in Madrid errichtete Stadtteil trägt noch heute den inoffiziellen Namen **Madrid de los Austrias**, wird von vielen aber wegen der naheliegenden Metrostation **La Latina** genannt.

La Familia Real
1. B, **2.** B, **3.** C, **4.** C

S. 69

Madrid y el arte
1. D, **2.** E, **3.** C, **4.** A, **5.** B

La Movida Madrileña
1. 80er Jahre
2. schriller und exaltierter
3. Pedro Almodóvar
4. Alaska
5. Malasaña
6. «Madrid nunca duerme»

Die alte Redensart **De Madrid al cielo** stammt aus dem ausgehenden 18. Jahrhundert, als **Carlos III** die Stadt bedeutend verschönerte, und drückt den Stolz der Madrilenen auf ihre Hauptstadt aus. Komplett lautet sie: **De Madrid al cielo, y en el cielo, un agujerito para verlo**. So hat man nach dem Tod ein kleines Fenster, um die Schönheit dieser Stadt zu bewundern.

S. 70

Alrededor de Madrid
1. Manzanares
2. Sierra de Guadarrama
3. El Retiro
4. la Meseta
5. Valle de los Caídos
6. Alcalá de Henares
7. El Escorial

El Rastro de Madrid
1. Los domingos (y festivos). (sonntags und an Feiertagen)
2. De 9 a 15 hrs.
3. En Lavapiés. (an der Grenze zu La Latina)
4. 1740

Lösungen

5. Del rastro de sangre que dejaban los animales muertos...

S. 71

En el mercadillo
1. B, **2.** D, **3.** A, **4.** C

En el metro
Die Metrostationen sind
waagerecht: Embajadores, Sol, Gran Vía, Plaza de España
senkrecht: Moncloa, Callao, Ópera, Tribunal, La Latina

De bar en bar

S. 72

Las tapas
1. B, **2.** D, **3.** E, **4.** A, **5.** C

Leyendas del origen
Die Legenden 1 und 3.

S. 73

Bebidas
1. C, **2.** D, **3.** F, **4.** E, **5.** B, **6.** A

En los bares
1. E, **2.** G, **3.** F, **4.** A, **5.** C, **6.** B, **7.** D

S. 74

Gambas al ajillo
1. gambas
2. aceite de oliva
3. ajos
4. guindillas, gambas
5. sal

De tapeo
1. falsch (Man trifft sich gleich in einer Bar und nie zu Hause.)
2. falsch (Man trinkt ein bis zwei Getränke, isst dazu ein paar Tapas und geht dann in die nächste Bar.)
3. richtig
4. richtig
5. falsch (Man bestellt verschiedene Tapas für alle.)
6. falsch (Brot gehört dazu, vor allem, wenn es etwas zum Tunken gibt.)

S. 75

Utensilios para comer y beber
1. vaso
2. (waagerecht) plato, (senkrecht) palillo
3. cuchillo
4. botella
5. tenedor
6. cuchara
7. jarra
8. copa
9. servilleta

Tipos de carne
1. D, **2.** C, **3.** A, **4.** B

Pintxos y pelota

S. 78

Ciudades vascas
1. E, **2.** D, **3.** C, **4.** B, **5.** A
Im Baskenland liegen: A **Bilbao** (Bilbo), B **Irún** (Irun), C **Vitoria** (Gasteiz) und D **San Sebastián** (Donóstia)

Landschaftlich und kulturell gesehen umfasst das Baskenland die **comunidad País Vasco**, die **communidad Navarra** und den französischen Teil. Politisch gesehen gehört aber weder Navarra noch der französische Teil zum Baskenland.

Política

1. primer gobierno
2. Guernica
3. ETA (Euskadi Ta Askatasuna, baskisch für: Baskenland und Freiheit)
4. independencia
5. primera
6. permite
7. las armas
8. lehendakari (txakoli ist ein baskischer Wein.)

S. 79

Cultura y paisaje

1. D, **2.** C, **3.** B, **4.** A

Der bekannte baskische Liedermacher **Benito Lertxundi** bringt in seinem Liebeslied an die Provinz Vizcaya das zum Ausdruck, was für das gesamte Baskenland charakteristisch ist: **verde en la cabeza, fuego en el corazón**. Das kräftige Grün der Natur, das rote Feuer der Hochöfen, Symbol der Industrialisierung, und die Sehnsucht nach Selbstbestimmung klingen darin an.

Cine español

1. B, **2.** D, **3.** A, **4.** E, **5.** F, **6.** C

Die Filme **Volver a empezar, Belle Époque, Todo sobre mi madre** und **Mar Adentro** haben den Oscar für den besten fremdsprachigen Film gewonnen! Der spanisch-mexikanische Filmemacher **Luis Buñuel** zählt zu den wichtigsten Regisseuren des 20. Jahrhunderts.

S. 80

Pintxos

1. champiñones, sal
2. aceite, ajo
3. aceite, sal
4. huevo de codorniz

Der Name **pintxo** (span. **pincho**) bedeutet Spieß und kommt von den kleinen Holzspießen, die zum Zusammenhalten der diversen Zutaten für den **pintxo** verwendet werden. **Pintxos** sind oft aufwendiger zubereitet als **tapas** und sind fester Bestandteil der baskischen Küche, die für ihre Spitzenköche bekannt ist: **Karlos Aguiñano, Pedro Subijana, José Juan Castillo** ...

En el cine

1. D, **2.** C, **3.** A, **4.** B

S. 81

Euskera

1. D, **2.** A, **3.** E, **4.** B, **5.** C

Hablando de películas

1. director
2. fin
3. escena
4. papel
5. actriz
6. pantalla
7. argumento
8. protagonista

De celtas, romanos y moros

S. 82

Civilizaciones de España

Richtige Reihenfolge: 6, 5, 3, 2, 1, 7, 4

Patrimonio Cultural de la Humanidad

1. B, **2.** E, **3.** D, **4.** G, **5.** A, **6.** I, **7.** H, **8.** J, **9.** L, **10.** F, **11.** K, **12.** C

S. 83

Arquitectura romana y mozárabe

1. E, **2.** C, **3.** D, **4.** A, **5.** B

Extremadura

1. D, **2.** A, **3.** B, **4.** C

S. 84

Castilla y León
1. B, **2.** C, **3.** B, **4.** A

La cuna del castellano
1. latín
2. Burgos
3. Alfonso X el Sabio
4. 1492
5. el mismo

Neben den **Glosas Emilianenses** in **San Millán de la Cogolla (La Rioja)** zählen die **Cartularios de Valpuesta** zu den ersten schriftlichen Zeugnissen der romanischen Sprache, die sich zum heutigen Spanisch entwickelte.

S. 85

En el museo
1. C, **2.** D, **3.** A, **4.** E, **5.** B

Nombres de ciudades
1. E, **2.** B, **3.** A, **4.** C, **5.** D

Mi media naranja

S. 88

Costas y ciudades
1. Costa del Azahar
2. Costa Blanca
3. Costa de Valencia
4. Benidorm
5. Alicante
6. Denia

Curiosidades de la historia
1. C, **2.** A, **3.** D, **4.** B

S. 89

Monumentos
1. C, **2.** D, **3.** A, **4.** E, **5.** B

La Ruta del Bakalao
1. Ruta Destroy
2. cada fin de semana
3. años 80
4. las discotecas
5. de música electrónica

S. 90

Paella valenciana
1. B, **2.** D, **3.** A, **4.** C

En la cocina
Es sind 7 Geräte.
tostador, batidora, hervidor de agua, cafetera, frigorífico, horno, lavavajillas

S. 91

Naranjito
1. portero
2. mundial
3. falta
4. poste
5. mano
6. árbitro
7. campo
8. defensor
9. tiro libre
10. mediocampista
11. gol

Mi media naranja
1. E, **2.** C, **3.** A, **4.** D, **5.** B

Por fin la democracia

S. 92

España en el siglo XX
1. D, **2.** A, **3.** B, **4.** C, **5.** G, **6.** F, **7.** E

Wussten Sie, dass die Todesstrafe in Spanien erst nach dem Ende der Franco-Diktatur abgeschafft wurde? Der spanische Spielfilm »Salvador – Kampf um die Freiheit« mit Daniel Brühl in der Hauptrolle schildert die letzte Hinrichtung eines Häftlings durch die Garrote im Jahr 1974.

La Guerra Civil

1. republicano
2. Alemania
3. Cóndor
4. la Ley de la Memoria Histórica

Man geht heute davon aus, dass bis zu 150 000 Franco-Opfer in anonymen Massengräbern im ganzen Land verteilt liegen. Die Organisation ARMH bemüht sich um die Exhumierung und die Neubestattung der »Verschwundenen«. Im Jahr 2011 veröffentlichte die spanische Regierung erstmals eine Karte mit Informationen zu anonym begrabenen Opfern des Bürgerkriegs.

S. 93

Presidentes del gobierno

Richtige Reihenfolge: E, C, A, D, F, B

Sistema político

1. D, **2.** E, **3.** F, **4.** A, **5.** C, **6.** B

S. 94

Partidos políticos

1. B (Partido Socialista Obrero Español)
2. D (Partido Popular)
3. E (Izquierda Unida)
4. A (Convergència i Unió)
5. C (Partido Nacionalista Vasco)

Sobre España

1. D
2. E (11-M = 11 de marzo)
3. B
4. A
5. C (IVA = impuesto sobre el valor añadido)

S. 95

Hablando de política

1. igualdad
2. diputado
3. gobernar
4. manifestación
5. pueblo
6. debate
7. elecciones
8. votar
9. poder

Una manifestación

2, 5, 6, 8

Contra los molinos de viento

S. 98

En Castilla-La Mancha

1. Provincia de Albacete
2. Provincia de Guadalajara
3. Provincia de Ciudad Real
4. Provincia de Toledo
5. Provincia de Cuenca
6. Guadiana
7. Tajo
8. Júcar

Sobre la capital Toledo

1. A, **2.** A, **3.** B, **4.** C

S. 99

Monumentos de Castilla

1. B, **2.** D, **3.** A, **4.** C

Literatura española

1. E, **2.** D, **3.** G, **4.** F, **5.** H, **6.** A, **7.** C, **8.** B

S. 100

Don Quijote

Richtige Reihenfolge: C, E, A, D, B

En la librería

1. C, **2.** A, **3.** D, **4.** B

Lösungen

1

LÖSUNGEN

S. 101

Azafrán

1. pimienta
2. cilantro
3. albahaca
4. romero
5. tomillo
6. canela
7. comino
8. sal

Libros

3, 5, 8

Salud, amor y dinero

S. 102

Regiones vinícolas

1. E, **2.** D, **3.** A, **4.** C, **5.** B

Cifras sobre el vino

1. del mundo
2. detrás de
3. vino blanco
4. 38 litros
5. entre los años 4000 y 3000 a. C.
6. más de 5 000 bodegas

Wie kommt es, dass Spanien zwar die größte Anbaufläche der Welt hat, aber bei der Weinproduktion hinter Italien und Frankreich liegt? Der geringere Ertrag erklärt sich vor allem durch den weniger dichten Anbau der Weinreben, das trockene Klima und den unfruchtbaren Boden mancher Weinregionen.

S. 103

En La Rioja

1. C, **2.** D, **3.** E, **4.** B, **5.** A

Clasificación de vinos

Richtige Reihenfolge: B, A, D, C

S. 104

¡Salud!

1. ¡Salud, amor y dinero y tiempo para gozarlo!
2. ¡Arriba, abajo, al centro y adentro! (oder auch: pa'dentro)
3. ¡Chinchin!
4. ¡Salut i força al canut! (katalanische Variante, die aber in ganz Spanien zu hören ist)

En el médico

1. B, **2.** E, **3.** A, **4.** D, **5.** C

S. 105

Amor y dinero

1. enamorarse
2. casarse
3. corazón
4. billete
5. moneda
6. cambiar

Cervezas

waagerecht: Cruzcampo, San Miguel, Estrella Damm, Victoria
senkrecht: Ambar, Mahou, Tropical

A

	abierto	*geöffnet*
	abrir	*öffnen*
	acceder a	*erlangen*
el	**accidente de tráfico**	*Verkehrsunfall*
el	**aceite de girasol**	*Sonnenblumenöl*
el	**aceite de oliva**	*Olivenöl*
la	**aceituna**	*Olive*
el	**acento**	*Akzent*
	acompañar	*begleiten*
el	**acto terrorista**	*terroristischer Anschlag*
el	**actor**	*Schauspieler*
la	**actriz**	*Schauspielerin*
	actuar	*auftreten*
el	**aeropuerto**	*Flughafen*
el	**agente secreto**	*Geheimagent*
	agitar	*schütteln*
	agregar	*hinzufügen*
la	**agricultura**	*Landwirtschaft*
el	**aire**	*Luft*
	al aire libre	*draußen*
	aislado	*isoliert*
la	**albóndiga**	*Fleischbällchen*
la	**aldea**	*Dorf*
el	**algodón**	*Baumwolle*
la	**alimentación**	*Ernährung*
la	**almendra**	*Mandel*
el	**almuerzo**	*Mittagessen*
el	**altiplano**	*Hochebene*
	alto	*hoch*
la	**alubia**	*Bohne*
el	**alumno**	*Schüler*
	amarillo	*gelb*
el	**amor**	*Liebe*
	amoroso	*Liebes-*
	amplio	*groß, geräumig*
	añadir	*hinzufügen*
la	**anchoa**	*Anchovis*
el	**animal**	*Tier*
el	**año**	*Jahr*
	antes de	*vor*
	antiguamente	*früher*
	antiguo	*alt*
	apagado	*ausgeschaltet*
el	**apóstol**	*Apostel*
	apoyar	*unterstützen*
	aprobar	*zustimmen*
el	**árbol**	*Baum*
el	**área (f)**	*Gebiet*
el	**arma (f)**	*Waffe*
el	**arquitecto**	*Architekt*
el	**arroz**	*Reis*
	arrugado	*runzelig*
el	**arte**	*Kunst*
el	**artesano de cuero**	*Gerbermeister*
	artificial	*künstlich*
el	**asunto**	*Thema*
	asustar	*erschrecken*
el	**ataque terrorista**	*Terroranschlag*
	aunque	*obwohl*
	automotriz	*Automobil-*
la	**aventura**	*Abenteuer*
la	**ayuda**	*Hilfe*
el	**azafrán**	*Safran*
el	**azahar**	*Orangenblüte*
	azul	*blau*

B

el	**baile**	*Tanz*
	bajar	*hinuntergehen, -fließen, -kommen*
	bajito	*tief*
	bajo el mando de	*unter der Führung von*
	bajo el nombre	*unter dem Namen*
	bañarse	*(sich) baden*
el	**banco**	*Bank*
la	**banda terrorista**	*Terroristengruppe*
la	**bandeja del horno**	*Ofenblech*
la	**bandera**	*Fahne*
la	**banderilla**	*Banderilla (geschmückter Spieß)*
el	**bando nacional**	*nationale Seite*
el	**bando republicano**	*republikanische Seite*
	barato	*günstig*
la	**barba**	*Bart*
el	**barco de vela**	*Segelboot*
la	**barra**	*Theke*
el	**barrio**	*Stadtviertel*
la	**base**	*Basis, Grundlage*
la	**basílica**	*Basilika*
el	**batido**	*Milchshake*
la	**batidora**	*Mixer*
	batir	*mixen*
	beber	*trinken*
	bizcar	*schielen*
	ser bizco	*schielen*
la	**boca**	*Mund*
el	**bolso**	*Tasche*
	bombardear	*bombardieren*
el	**bombardeo**	*Bombardierung*
el	**boquerón**	*Sardelle*
el	**bosque**	*Wald*
la	**bota**	*Stiefel*
el	**burro**	*Esel*
la	**busca**	*Suche*
	en busca de	*auf der Suche nach*
	buscar	*suchen*

C

el	**caballo**	*Pferd*
la	**cacerola**	*Kochtopf*
	cada	*jeder*
la	**cadena de televisión**	*Fernsehsender*
la	**cadena de tiendas**	*Kaufhauskette*
el	**caído**	*Gefallener (im Krieg)*

el **cajón**	*hier: Percussion*
el **calabacín**	*Zucchini*
la **calculadora**	*Taschenrechner*
el **camino**	*Weg*
canario	*kanarisch*
el **cantante**	*Sänger*
el **cante**	*Gesang*
la **capital**	*Hauptstadt*
la **característica**	*Merkmal*
la **carne**	*Fleisch*
caro	*teuer*
la **carretera**	*Straße*
el **carrillo**	*Wange*
el **carro**	*Wagen*
el **cartel**	*Schild*
la **casa**	*Haus*
en casa	*zuhause*
casado	*verheiratet*
cascar	*zerschlagen*
la **cáscara**	*Schale*
casi	*fast*
la **castaña**	*Kastanie*
el **castillo**	*Burg, Schloss*
la **causa**	*Grund, Ursache*
a causa de	*aufgrund von*
el **cava**	*Sekt*
la **cazuela**	*Topf*
la **cebolla**	*Zwiebel*
celebrar	*feiern*
la **cena**	*Abendessen*
cenar	*zu Abend essen*
celta	*keltisch*
centro	*Zentrum*
cerca de	*in der Nähe von*
de cerca	*aus der Nähe*
cercano	*naheliegend*
la **cereza**	*Kirsche*
el **champiñón**	*Champignon*
el **chorizo**	*Paprikawurst*
el **chupinazo**	*gezielter Schuss*
los **churros con chocolate**	*Spritzteiggebäck, zu dem dickflüssige Schokolade getrunken wird*
el **ciclista**	*Radfahrer*
el **cielo**	*Himmel*
la **ciencia**	*Wissenschaft*
la **cifra**	*Ziffer*
la **cigüeña**	*Storch*
el **cine**	*Kino*
la **ciudad**	*Stadt*
la **ciudad encantada**	*verzauberte Stadt*
la **ciudad natal**	*Geburtsstadt*
la **civilización**	*Zivilisation*
el **clan**	*Klan, Sippe*
clavar	*hineinstoßen, -stechen*
cocer	*kochen*
el **cocido madrileño**	*Kichererbseneintopf*
la **cocina**	*Küche*
el **cocinero**	*Koch*

el **cohete**	*Feuerwerkskörper*
colgado	*hängend*
colonizar	*kolonisieren*
el **color**	*Farbe*
combatirse	*sich bekämpfen*
comenzar	*beginnen*
el **comercio**	*Gewerbe, Handel*
el **comino**	*Kümmel*
el **complejo renacentista**	*Renaissancebauwerk*
componerse por	*sich zusammensetzen aus*
comprar	*(ein)kaufen*
de compras	*beim Einkaufen*
comprobar	*überprüfen*
la **comunidad**	*Gemeinschaft*
la **comunidad (autónoma)**	*autonome Region*
concentrarse en	*sich konzentrieren auf*
la **concha**	*Muschel*
condimentar	*würzen*
el **conejo**	*Kaninchen*
confundir	*verwechseln*
conocer	*kennen lernen*
conocido	*bekannt*
la **conquista**	*Eroberung*
el **conquistador**	*Eroberer*
conquistar	*erobern*
la **consecuencia**	*Folge*
conservar	*aufbewahren*
la **constitución**	*Verfassung*
la **construcción**	*Baugewerbe*
consumir	*verzehren*
la **contaminación**	*Verschmutzung*
contar con	*besitzen, haben*
continuar	*fortführen*
convertirse en	*werden zu, sich verwandeln in*
el **corazón**	*Herz*
correr mil aventuras	*1000 Abenteuer erleben*
la **corrida de toros**	*Stierkampf*
cortar	*schneiden*
la **corteza**	*Kruste*
crear	*erschaffen*
el **creciente**	*Hochwasser*
cristiano	*christlich*
cubrir	*bedecken*
la **cucharada**	*Esslöffel (Maßangabe)*
el **cuchillo**	*Messer*
la **cuenta**	*Rechnung*
por cuenta propia	*auf eigene Faust*
la **cueva**	*Höhle*
cultivar	*anbauen*
la **cuna**	*Wiege*
la **curiosidad**	*Kuriosität*
la **curva**	*Kurve*

D

el **daño económico**	*wirtschaftlicher Schaden*
decidir	*entscheiden*
declararse	*sich erklären*
defender	*verteidigen*
definitivamente	*endgültig*
dejar las armas	*die Waffen niederlegen*
delante de	*vor*
el **deporte**	*Sport*
derivar de	*sich herleiten aus*
derretirse	*schmelzen*
el **desarrollo**	*Entwicklung*
el **descanso**	*Pause*
el **descuento**	*Rabatt, Nachlass*
desde	*seit*
desplazado	*vertrieben*
después de	*nach*
destacar	*hervorstechen, hervorragen*
destapar	*aufdecken*
la **desviación**	*hier: Umbettung*
el **detenido**	*Festgenommener*
detrás de	*nach*
el **diccionario**	*Wörterbuch*
el **diente de ajo**	*Knoblauchzehe*
el **director de cine**	*Filmregisseur*
el **diseño imaginativo**	*kreatives Design*
dividirse en	*unterteilt sein in*
dorarse	*braun werden*
dormir	*schlafen*
el **dulce**	*Kuchen, süßes Gebäck*
la **duquesa**	*Herzogin*
durante	*während*
duro	*hart*

E

echar	*hier: dazugeben*
la **economía**	*Wirtschaft*
económico	*wirtschaftlich*
la **Edad Media**	*Mittelalter*
la **editorial**	*Verlag*
el **ejemplo**	*Beispiel*
el **elector**	*Wähler*
los **electrodomésticos**	*Elektrohaushaltsgeräte*
la **emisora de radio**	*Radiosender*
empezar	*anfangen, beginnen*
el **emporio comercial**	*Handelsplatz, Handelszentrum*
la **empresa**	*Unternehmen*
el **encanto**	*Charme*
el **encierro**	*Eintreiben in die Arenastallungen*
encontrar	*finden, vorfinden*
encontrarse	*sich befinden*
la **energía**	*Energie*
el **enfermo**	*Kranker*
enfrentarse a	*sich stellen gegen*
la **ensaladilla rusa**	*Salat russischen Ursprungs mit Kartoffeln und Mayonnaise; beliebte Tapa*
entero	*ganz, am Stück*
enterrado	*begraben*
entre	*zwischen*
el **equipo nacional**	*Nationalmannschaft*
equivaler a	*entsprechen*
el **escritor**	*Schriftsteller*
la **escuela**	*Schule*
escurrir	*abgießen*
esparcir por igual	*gleichmäßig verteilen*
espolvorear	*bestreuen*
la **esposa**	*Ehefrau*
el **estatuto**	*Statut, Gesetz*
el **este**	*Osten*
al este de	*östlich von*
el **estilo**	*Stil*
la **estrella**	*Stern*
la **Eurocopa**	*Fußball-Europameisterschaft*
existir	*existieren*
el **éxito**	*Erfolg*
la **expansión**	*Ausdehnung*
la **expansión colonial**	*koloniale Ausdehnung*
la **exposición**	*Ausstellung*
la **Exposición Internacional**	*Weltausstellung*

F

famoso	*berühmt*
fascista	*faschistisch*
la **feria**	*Dorf- oder Stadtfest mit Ständen, Buden und Veranstaltungen*
el **fin**	*Ende*
el **final**	*Ende*
financiar	*finanzieren*
flaco	*dünn, mager*
el **flan**	*Pudding aus Ei, Milch, Zucker*
la **flauta**	*Flöte*
la **flor**	*Blüte; Blume*
florecer	*blühen*
formarse	*sich bilden*
francés	*französisch*
Francia	*Frankreich*
franquista	*Franco-*
frecuentado	*hier: besucht*
el **freno**	*Bremse*
el **frigorífico**	*Kühlschrank*
frío	*kalt*
el **fuego**	*Feuer*
a fuego medio/vivo	*auf mittlerer/großer Flamme*
la **fuente**	*Schüssel*
fuerte	*laut*
la **funcionalidad**	*Funktionalität*
el **fusilamiento**	*standrechtliche Erschießung*

Wortverzeichnis

G

la	**gaita**	*galicischer Dudelsack*
la	**galaxia**	*Galaxie*
	gallego	*galicisch*
el	**galo**	*Gallier*
la	**gamba**	*Garnele*
el	**garbanzo**	*Kichererbse*
la	**gerente de empresas**	*Geschäftsführerin*
	germánico	*germanisch*
el	**gigante**	*Riese*
el	**gobierno**	*Regierung*
	gozar	*genießen*
	granate	*granatrot*
el	**griego**	*Griechisch; Grieche*
	grueso	*grob*
la	**guerra**	*Krieg*
la	**guerra civil**	*Bürgerkrieg*
las	**Guerras Púnicas**	*Punische Kriege*
la	**guindilla**	*Chilischote*

H

el	**haba (f)**	*Saubohne*
	hacerse caballero	*Ritter werden*
el	**heredero de la corona**	*Thronerbe*
el	**héroe nacional**	*Nationalheld*
la	**herramienta**	*Werkzeug*
	hervir	*kochen*
el	**hidalgo**	*Junker*
el	**hijo**	*Sohn*
el	**himno**	*Hymne*
la	**historia**	*Geschichte*
la	**historieta**	*Comic*
el	**hogar**	*Heim, Zuhause*
el	**horno**	*Ofen*
	hoy en día	*heutzutage*
el	**hueco**	*Loch, Öffnung*
la	**huella**	*Spur*
la	**huerta**	*Gemüse- und Obstgarten*
el	**hueso**	*Knochen*
el	**huevo de codorniz**	*Wachtelei*

I

la	**ida**	*Hinreise*
el	**idioma**	*Sprache*
	importante	*wichtig*
el	**impuesto**	*Steuer (f)*
la	**inauguración**	*Eröffnung, Einweihung*
	inaugurar	*eröffnen, einweihen*
la	**independencia**	*Unabhängigkeit*
el	**índice**	*Inhaltsverzeichnis*
la	**influencia**	*Einfluss*
la	**informática**	*Informatik*
	Inglaterra	*England*
el	**ingreso**	*Beitritt*
	iniciar	*beginnen*
el	**inicio**	*Beginn*
	inspirado por	*inspiriert durch*
	instalarse	*sich ansiedeln*
la	**integración**	*Integration*
	inundar	*überschwemmen*
	inventar	*erfinden*
	irse	*weggehen*

J

el	**jamón serrano**	*Serrano-Schinken*
el	**jardín**	*Garten*
el	**jefe de gobierno**	*Regierungschef*
el	**jefe del estado**	*Staatsoberhaupt*
los	**jóvenes**	*Jugendliche, junge Leute*
la	**judía**	*Bohne*
los	**Juegos Olímpicos**	*Olympische Spiele*
el	**jugador de...**	*...spieler*
	jugar un papel	*eine Rolle spielen*
el	**juguete del viento**	*Windspiel*

L

la	**lámpara**	*Lampe*
	lanzar	*abschießen, abfeuern*
	largo	*lang*
la	**lavadora**	*Waschmaschine*
el	**lazo**	*Schleife*
la	**leche**	*Milch*
el	**lema**	*Motto*
la	**lengua**	*Zunge; Sprache*
la	**lengua romance/ románica**	*romanische Sprache*
las	**letras**	*Geisteswissenschaften, Literatur*
	el **barrio de las letras**	*Schriftstellerviertel*
la	**ley**	*Gesetz*
	liberarse	*sich befreien*
el	**libro de caballerías**	*Ritterroman*
el	**líder**	*Führer*
	ligero	*leicht*
	limpiar	*putzen*
la	**linterna**	*Taschenlampe*
el	**literato**	*Schriftsteller*
el	**llanto**	*Weinen, Tränen*
	llegar	*ankommen*
	llegar a	*reichen bis*
	llevar	*tragen, haben, beinhalten*
	llevar a cabo	*durchführen*
	llevar a la pantalla	*verfilmen*
	llevar a/hasta	*führen nach/bis*
	luchar contra	*kämpfen gegen*
el	**lugar**	*Platz*
	dar lugar a	*veranlassen*
	tener lugar	*stattfinden*
el	**lujo**	*Luxus*
	la **tienda de lujo**	*Luxusgeschäft*
la	**luna de miel**	*Flitterwochen*
la	**luz**	*Licht*

M

el	**macizo montañoso**	*Gebirgsmassiv*
la	**madera**	*Holz*
	maduro	*reif*
el	**maestro**	*Lehrer*
	mallorquino	*mallorquinisch*
	manchego	*aus La Mancha*
la	**manifestación**	*Demonstration*
	mantener	*hier: lassen*
la	**mantequilla**	*Butter*
la	**máquina de juego**	*Spielautomat*
el	**mar**	*Meer*
la	**maravilla**	*Wunder*
la	**marcha**	*Marsch*
la	**mariposa**	*Schmetterling*
los	**mariscos**	*Meeresfrüchte*
	más	*mehr*
el	**matadero**	*Schlachthof*
	máximo	*höchster*
	mayor	*größter*
la	**mayoría**	*Mehrheit*
	medieval	*mittelalterlich*
el	**megáfono**	*Megaphon*
el	**mejillón**	*Miesmuschel*
	mejor	*besser; bester*
la	**memoria**	*Erinnerung*
la	**menina**	*königliche Hofdame*
la	**mente**	*Verstand, Sinn*
	menudo	*hier: fein*
el	**mercadillo**	*Trödelmarkt*
el	**mercado**	*Markt*
el	**mes**	*Monat*
la	**mesa**	*Tisch*
la	**meta**	*Ziel*
	meter	*hineinlegen, -stellen*
la	**mezcla**	*Mischung*
la	**miel**	*Honig*
el	**milagro**	*Wunder*
	miles	*Tausende*
el	**mirador**	*Aussichtspunkt*
	mismo	*gleich*
la	**moda**	*Mode*
la	**modelo**	*Model*
el	**mojo**	*Dressing*
el	**molino de viento**	*Windmühle*
el	**monasterio**	*Kloster*
	montado en	*hier: auf*
la	**montaña**	*Berg*
el	**monte**	*Berg*
	morir	*sterben*
el	**movimiento hippi**	*Hippiebewegung*
	mozárabe	*mozarabisch*
la	**muerte**	*Tod*
	muerto	*tot*
	mundialmente	*weltweit*
el	**mundo**	*Welt*
	musulmán	*muslimisch*

N

	nacer	*geboren werden*
la	**naranja**	*Orange*
el	**naranjo**	*Orangenbaum*
	narrar	*erzählen*
la	**naturaleza**	*Natur*
	náutico	*Wasser-*
	negro	*schwarz*
la	**nevera**	*Kühlschrank*
el	**nieto**	*Enkel*
la	**nieve**	*Schnee*
los	**niños**	*Kinder*
el	**nivel**	*Ebene*
el	**nivel (del agua)**	*Pegel*
	a nivel mundial	*weltweit*
el	**nombre**	*Name*
	noroeste	*nordwestlich*
el	**norte**	*Norden*
la	**novela policíaca**	*Krimi*
	nuevamente	*wieder, erneut*
la	**nuez**	*Walnuss*
	nunca	*nie*

O

el	**ocio nocturno**	*nächtliche Freizeitaktivität*
el	**olivo**	*Olivenbaum*
la	**oreja**	*Ohr*
	orgulloso	*stolz*
el	**origen**	*Ursprung*
el	**oro**	*Gold*
la	**oveja**	*Schaf*
el	**oyente**	*Zuhörer*

P

la	**página**	*Seite*
el	**país**	*Land*
el	**paisaje**	*Landschaft*
el	**pájaro**	*Vogel*
la	**palabra**	*Wort*
el	**palacio**	*Palast*
la	**palloza**	*Hütte mit Strohdach*
el	**pan payés**	*Land-, Bauernbrot*
la	**pancarta**	*Plakat, Schild*
el	**pañuelo**	*Tuch*
el	**Papa**	*Papst*
la	**papa**	*Kartoffel*
la	**papelería**	*Schreibwaren*
	parecer	*scheinen*
el	**paro**	*Arbeitslosigkeit*
el	**parque**	*Park*
la	**parte**	*Teil*
el	**partido de fútbol**	*Fußballspiel*
	partir por la mitad	*halbieren*
	pasar por	*hier: fließen durch*
la	**pata**	*Bein*

2 WORTVERZEICHNIS

el **pata negra**	*luftgetrockneter, sehr teurer Schinken*
la **patata**	*Kartoffel*
el **Patrimonio de la Humanidad**	*(UNESCO-)Welterbe*
pelar	*schälen*
la **película**	*Film*
la **pelota**	*Ball*
el **pelotazo**	*wuchtiger Schuss (mit einem Ball)*
la **península**	*Halbinsel*
el **pepino**	*Gurke*
pequeño	*klein*
el **peregrinaje**	*Pilgerfahrt*
el **peregrino**	*Pilger*
perfumar	*duften*
el **perfume**	*Parfüm*
el **periódico**	*Zeitung*
la **periodista**	*Journalistin*
permitir	*erlauben*
el **perro**	*Hund*
la **persistencia**	*Beständigkeit*
el **personaje**	*Figur*
pertenecer a	*gehören*
el **pescado**	*Fisch (Gericht)*
el **pescador**	*Fischer*
la **petición**	*Bitte, Gesuch*
a petición de	*auf Ersuchen von*
el **petróleo**	*Erdöl*
el **pez**	*Fisch (lebend)*
el **picadillo**	*Gehacktes*
el **picador**	*Picador (Lanzenreiter)*
picar	*hacken, zerkleinern*
el **pie**	*Fuß*
de pie	*stehend, im Stehen*
estar de pie	*stehen*
la **piedra**	*Stein*
el **pimentón dulce**	*süßes Paprikapulver*
el **pimentón picante**	*scharfes Paprikapulver*
la **pimienta**	*Pfeffer*
el **pimiento**	*Paprika*
el **pisto**	*Gemüsegericht, der Ratatouille ähnlich*
la **pizca**	*Prise*
el **placer**	*Freude, Vergnügen*
a placer	*nach Belieben*
el **plato**	*Teller*
la **plaza**	*öffentlicher Platz*
pleno	*voll*
en pleno	*mitten in*
el **poder**	*Macht*
el **poder judicial**	*Judikative, gesetzgebende Gewalt*
el **pollo**	*Hähnchen*
poner	*legen, setzen, stellen; anziehen (Kleidung)*
estar puesto	*an sein*
popular	*beliebt; Volks-*
la **postal**	*Postkarte*
el **prado**	*Wiese*
precalentado	*vorgeheizt*
la **prensa deportiva**	*Sportpresse*
la **prensa general**	*allgemeine Presse*
la **prensa rosa**	*Klatschpresse, Regenbogenpresse*
el **presentador**	*Moderator*
pretender	*beabsichtigen*
previamente	*vorher*
principal	*Haupt-*
el **príncipe**	*Prinz*
el **principio**	*Anfang*
privado	*privat*
producirse	*sich ereignen, auftreten*
el **producto lácteo**	*Milchprodukt*
prohibir	*verbieten*
propio	*eigener*
el **protagonista**	*Hauptdarsteller*
provenir de	*stammen von/aus*
publicar	*veröffentlichen*
público	*öffentlich*
el **pueblo**	*Dorf; Volk*
el **puente**	*Brücke*
el **puerto de pesca**	*Fischereihafen*
la **puesta del sol**	*Sonnenuntergang*
el **puesto**	*Platz*
el **puesto de verduras**	*Gemüsestand*
estar puesto	*an sein*
el **pulpo**	*Krake, Oktopus*
el **punto de ebullición**	*Siedepunkt*

Q

quedar con	*sich verabreden mit, sich treffen mit*
quemar	*verbrennen*
querer	*wollen, mögen, lieben*
como quieras	*wie du willst*
el **queso curado**	*gereifter Käse*
el **queso fresco**	*junger Käse*
el **queso viejo**	*stark gereifter Käse*
quitar	*entfernen*

R

el **rabo**	*Schwanz*
el **rabo (del champiñón)**	*Stiel*
rápidamente	*schnell*
real	*königlich*
realizar	*durchführen*
la **rebaja**	*Sonderangebot*
la **rebanada**	*Scheibe*
recibir	*bekommen, erhalten*
reconocer	*anerkennen*
el **reconocimiento**	*Anerkennung*
la **reconquista**	*Rückeroberung*
el **recorrido**	*Strecke*
la **red**	*Netz*

	redondo	*rund*
	referirse a	*sich beziehen auf*
el	**régimen**	*Regime*
	regresar	*zurückkehren*
	rehogar	*anbraten*
	reinar	*herrschen*
el	**reino**	*Königreich*
el	**relato**	*Geschichte*
	rellenar	*füllen*
el	**reloj**	*Uhr*
	remar	*rudern*
	rendirse	*sich ergeben*
	reposar	*ruhen*
	reservar	*zur Seite legen*
	residir	*wohnen*
	respecto a	*bezüglich*
el	**respeto a**	*Respekt vor*
	restregar	*reiben*
	reunirse	*sich treffen*
la	**revista**	*Zeitschrift*
el	**rey**	*König*
	rico	*reich*
el	**río**	*Fluss*
	rociar	*bespritzen, übergießen*
la	**rodaja**	*Scheibe*
	rojo	*rot*
el	**romano**	*Römer*
	romano	*römisch*
la	**ronda**	*Runde*
la	**ropa**	*Kleidung*
la	**ropa interior**	*Unterwäsche*
la	**rosca**	*Kranz (Gebäck)*

S

	sacar	*herausnehmen*
	sagrado	*heilig*
	salar	*salzen*
la	**salchicha**	*Würstchen*
la	**salida**	*hier: Ausritt*
	salir	*hinausgehen, -kommen*
	salir malparado	*schlecht davonkommen*
el	**salón**	*Wohnzimmer*
	saltear	*leicht anbraten*
la	**sangre**	*Blut*
el	**santo**	*Heiliger*
la	**sartén**	*Pfanne*
la	**sastrería**	*Schneiderei*
el	**sector económico**	*Wirtschaftszweig*
la	**seda**	*Seide*
	segundo	*zweiter*
el	**seguro**	*Versicherung*
	selecto	*erlesen*
la	**semana**	*Woche*
	sentar	*setzen*
	estar sentado	*sitzen*
	sentir	*fühlen*
el	**sepulcro**	*Grab*
la	**servilleta**	*Serviette*
	servir	*servieren*
el	**siglo**	*Jahrhundert*
el	**significado**	*Bedeutung*
	significar	*bedeuten*
el	**silencio**	*Stille, Schweigen*
	similar	*ähnlich*
	situar	*stellen, platzieren*
	estar situado	*liegen, sich befinden*
	sobre todo	*vor allem*
	solamente	*nur*
	soler hacer algo	*etwas gewöhnlich tun*
la	**sombra**	*Schatten*
el	**sombrero (del champiñón)**	*Hut*
	someter	*unterwerfen*
la	**sucesión al trono**	*Thronfolge*
el	**suelo**	*Boden*
el	**sueño**	*Traum*
la	**superficie**	*Fläche*
el	**sur**	*Süden*
	surgir	*entstehen*
el	**suspiro**	*Seufzer*

T

el	**tablao**	*kleines Lokal mit Flamencodarbietung*
la	**tacita**	*kleine Tasse*
el	**tambor**	*Trommel*
la	**tapa**	*Häppchen zum Wein oder Bier*
la	**tapadera**	*Deckel*
	tapar	*zudecken*
la	**tasa**	*Rate, Quote*
la	**tauromaquia**	*Stierkampfkunst*
la	**técnica de calzado**	*Schuhmachertechnik*
el	**tejido natural**	*Naturstoff*
el	**telediario**	*Fernsehnachrichten*
	tercer(o)	*dritter*
	una tercera parte	*ein Drittel*
el	**tercio**	*eigentlich: Drittel*
el	**término**	*Begriff*
el	**territorio**	*Gebiet*
el	**testimonio**	*Zeugnis*
la	**tienda**	*Geschäft, Laden*
	tierno	*weich, zart*
la	**tierra**	*Erde*
las	**tijeras**	*Schere*
el	**tinto**	*Rotwein*
	tirar	*werfen*
la	**toalla**	*Handtuch*
el	**tomo**	*Band (m)*
el	**tope**	*Spitze*
	a tope	*bis zum Anschlag*
el	**toque**	*hier: Gitarrenspiel*
la	**torre**	*Turm*
la	**torrija**	*Arme Ritter (Gericht)*
	tostar	*toasten*
	trabajar	*arbeiten*

la	**tradición familiar**	*Familientradition*
	tradicionalmente	*üblicherweise*
	traducir	*übersetzen*
el	**traductor**	*Übersetzer*
	traer	*bringen*
el	**tráfico**	*Verkehr*
la	**transición**	*Übergang*
	tras	*nach*
el	**tren**	*Zug*
el	**tren de alta velocidad**	*Hochgeschwindigkeitszug*
el	**triángulo**	*Dreieck*
el	**trigo**	*Weizen*
el	**trofeo**	*Trophäe*
el	**trozo**	*Teil, Stück*
el	**turismo pesquero**	*Fischereitourismus*

U

	último	*letzter*
la	**uva**	*Traube*

V

la	**vainilla**	*Vanille*
el	**valle**	*Tal*
	varios	*einige, mehrere*
	vascuence	*baskisch*
el	**vaso**	*Glas*
la	**velocidad**	*Geschwindigkeit*
	venir de visita	*zu Besuch kommen*
la	**venta**	*Gasthaus*
	ver	*anschauen*
	veranear	*den Sommerurlaub verbringen*
	verde	*grün*
la	**verdura**	*Gemüse*
la	**vestimenta**	*Kleidung*
	vestir	*sich kleiden*
	viajar	*reisen*
el	**viaje**	*Reise*
la	**víctima**	*Opfer*
	viejo	*alt*
el	**viento**	*Wind*
el	**vinagre**	*Essig*
el	**viñedo**	*Weinberg*
el	**vinho verde**	*portugiesischer Wein*
el	**violín**	*Geige*
la	**vivienda**	*Wohnung*
el	**vocabulario**	*Vokabular*
	volar	*fliegen*
	volver a + Infinitiv	*etwas wieder tun*
	volverse loco	*verrückt werden*
la	**vuelta**	*Rückreise*

Z

la	**zanahoria**	*Karotte*
el	**zapatero**	*Schuster*
el	**zapato**	*Schuh*
la	**zona ecológica**	*Naturschutzgebiet*
el	**zumo de limón**	*Zitronensaft*

Seite 4: Tapas: shutterstock/ Ronald Sumners, Galizien: fotolia/ Oscar Calero, Sevilla: fotolia/ neirfy • **Seite 5:** Weinflaschen: shutterstock/ Arturo Limon, Madrid: fotolia/ Robert Wilson, Tapas: istockphoto/ Floortje • **Seite 6:** Schinken und Wein: shutterstock/ bezikus • **Seite 7:** Sangria: fotolia/ olezzo • Seite 8, Spanienkarte: istockphoto.com/ red_frog • **Seite 9:** Olivenöl: iStockphoto/ loooby • **Seite 10:** Las Cibeles, Madrid: fotolia/ michelfotografo, La Giralda, Sevilla: shutterstock/ Carolina, El Escorial: fotolia/ redswept, Aceducto, Segovia: fotolia/ BorjaxS, Santiago de Compostela: fotolia/ Katja Wickert • **Seite 12:** Fallas de Valencia: fotolia/ nuryudijes, Feria de Abril de Sevilla: shutterstock/ SandiMako, Moros y Cristianos: shutterstock/ rSnapshotPhotos, Sanfermines: fotolia/ Jose Hernaiz, Rapa das Bestas: fotolia/ avarand • **Seite 15:** Dreikönigskuchen: shutterstock/ Alfonso de Tomas • **Seite 16/17:** Parc Güell, Barcelona: fotolia/ MasterLu • **Seite 18:** Fahnen: fotolia/ Joan Quevedo Fle, Essen Ferran Adrià: fotolia/ foodinaire • **Seite 19:** Boquería, Barcelona: istockphoto.com/ Factoria singular fotografia, Kathedrale, Barcelona: fotolia/ AndreasJ, Casa Battlò, Gaudí: fotolia/ technicolor25, Sagrada Familia: fotolia/ MasterLu, Christoph Kolumbus: fotolia/ Sebastian Engels • **Seite 20:** Brot mit Tomaten: fotolia/ focha • **Seite 21:** Schild: fotolia/ Tupungato • **Seite 22:** Paella: fotolia/ Marie Capitain, Gazpacho: fotolia/ victoria p., Sekt: iStockphoto/ lleerogers, Orujo: fotolia/ bsanchez, Manchego Käse: fotolia/ vicentesimon, Turrón: fotolia/ efesan • **Seite 23:** Patas de jamón: fotolia/ ksl • **Seite 26:** Mallorquinische Mandelblüten: fotolia/ winni • **Seite 27:** Valdemossa, Mallorca: fotolia/ David Tyrer • **Seite 28:** Karte, Balearische Inseln: shutterstock/ Alfonso de Tomas • **Seite 29:** Castillo de Belver, Mallorca: shutterstock/ holbox, Kathedrale, Palma de Mallorca: fotolia/ CHANCE-UP-MANAGER, Torrent de Pareis, Mallorca: fotolia/ Anobis, Naveta des Tudons, Mallorca: fotolia/ grantuco, La Cartuja de Valldemossa, Mallorca: shutterstock/ Igor Semenov • **Seite 30:** Churros: iStockphoto/ AudiDelaCruz • **Seite 32:** Kiosk: fotolia/ Roger Mcwilliam • **Seite 33:** Francisco Ibáñez: shutterstock/ matthi • **Seite 34:** Kaugummis: fotolia/ full image, Sonnenblumenkerne: fotolia/ Jordi Farres, Chips: fotolia/HandmadePictures, Flips: fotolia/ L. Klauser, Bonbons: fotolia/ dulsita, Eis am Stiel: fotolia/ Carlos Caetano, Lutscher: fotolia/ Elnur • **Seite 36:** Sierra Nevada: fotolia/ arenaphotouk • **Seite 37:** Granada: fotolia/ dulsita • **Seite 38:** Sevilla: fotolia/ neirfy, Cádiz: fotolia/ joserpizarro, Granada: iStockphoto/ Adivin, Córdoba: fotolia/ Jose Ignacio Soto • **Seite 39:** Flamenco: iStockphoto/ JordiDelgado • **Seite 40:** Gazpacho: fotolia/ Comugnero Silvana • **Seite 42:** Torero: fotolia/ Tilio & Paolo • **Seite 43:** Plaza de toros: fotolia/ nanisimova • **Seite 44:** Osborne-Stier: Thinkstock/ Hemera • **Seite 46/47:** Cabo de Finisterre: fotolia/ clikclak • **Seite 48:** Galicia: fotolia/ Oscar Calero • **Seite 49:** Leuchtturm La Coruña: fotolia/ Volker Z, Vila Quijano, Cantabria: fotolia/ Argonautis, Puente romano, Asturias: fotolia/ B.F., Castillo de Ponferrada: fotolia/ pabl1n, Cueva de Altamira: fotolia/ siloto • **Seite 51:** Pulpo a la gallega: fotolia/ focha • **Seite 52:** Seat 600: shutterstock/ rubiphoto • **Seite 53:** AVE: shutterstock/ pedrosala • **Seite 54:** Euro español: fotolia/ ZIHE • **Seite 56:** Lanzarote: fotolia/ kogge • **Seite 57:** Kakteengarten Manrique: fotolia/ deth53 • **Seite 59:** Kolumbus' Schiffe: fotolia/ joserpizarro • **Seite 60:** Nationalpark Timanfaya, Lanzarote: fotolia/ deckard_1, Sanddünen von Maspalomas, Gran Canaria: fotolia/ Sergio Formoso, Nationalpark Teide, Tenerife: fotolia/ miklyxa13, El roque de Bonanza, El Hierro: shutterstock/ Natursports • **Seite 61:** Papas arrugadas: fotolia/ Tamara Kulikova • **Seite 62:** Schuhe: fotolia/ fotomatrix • **Seite 63:** Corte Inglés: shutterstock/ Jorg Hackemann • **Seite 66:** Puerta del Sol: fotolia/ manuelfrommadrid • **Seite 67:** Puerta del Sol: fotolia/ SOMATUSCANI • **Seite 68:** Plaza Mayor: shutterstock/ Vinicius Tupinamba • **Seite 69:** Museo del Prado: fotolia/ M.Bacher • **Seite 70:** Rastro: shutterstock/ FedericoPhotos • **Seite 72:** Tortilla: fotolia/ giromin, Aceitunas: fotolia/ Maximo Sanz, Gambas: fotolia/ uckyo, Boquerones: iStockphoto/ helovi, Albóndigas: fotolia/ focha • **Seite 73:** Típico bar: fotolia/Designer_ Andrea • **Seite 74:** Gambas: fotolia/ HLPhoto • **Seite 76/77:** Baskische Landschaft: fotolia/ KarSol • **Seite 78:** Karte Baskenland, spanischer und französischer Teil: fotolia/ lesniewski • **Seite 79:** Pelota vasca: fotolia/ flag', Semana Grande: shutterstock/ Jarno Gonzalez Zarraonandia, Urdaibai: fotolia/ janire, Guggenheim: shutterstock/ Jarno Gonzalez Zarraonandia • **Seite 80:** Pintxos de champiñones: fotolia/ uckyo • **Seite 81:** Baskische Fahne: fotolia/ Jgz • **Seite 82:** Spanienkarte: iStockphoto/ red_frog • **Seite 83:** Stadtmauer Lugo: fotolia/ Horváth Botond, Acueducto, Segovia: fotolia/ mrks_v, Alhambra, Granada: fotolia/ mtrommer, Giralda, Sevilla: shutterstock/ Carolina, Kathedrale Santa Maria von Teruel: fotolia/ Pakmor • **Seite 84:** Uni Salamanca: fotolia/ andreslebedev • **Seite 85:** Alicante: fotolia/ Photocagiao • **Seite 86/87:** Valencia: fotolia/ Alex Tihonov • **Seite 88:** Costa Blanca: fotolia/ Lledó • **Seite 89:** Lonja de la Seda, Valencia: shutterstock/ Pecold, Kathedrale von Valencia: fotolia/ Rosemarie Maczek, Palau de las Arts Reina Sofia: shutterstock/ FCG, L'Hemisfèric, Kino: fotolia/ ATLANTISMEDIA, L'Oceanogràfic, Aquarium:

Bildnachweis

shutterstock/ Rob Wilson • **Seite 90:** Paellapfanne mit Fleisch: fotolia/ Eberhard Drews, Paella, Gemüse hinzufügen: fotolia/ Hemeroskopion, Paella, Wasser, Safran hinzufügen: fotolia/ Moremi, Paella, Reis hinzufügen: fotolia/ Moremi • **Seite 92:** Guernica, Picasso: shutterstock/ Neftali • **Seite 93:** Congreso de Diputados: fotolia/ nanisimova • **Seite 94:** Spanienkarte: fotololia/ mc_hidalgo • **Seite 96:** Manchego Käse: fotolia/ carballo, Rotwein: istockphoto.com/ Angellce • **Seite 97:** Windmühlen: fotolia/ AGcuesta • **Seite 98:** Toledo: fotolia/ Yvann K • **Seite 99:** Ciudad encantada: fotolia/ dariya, Lagunas de Ruidera: fotolia/ ABUELO RAMIRO, Kathedrale von Toledo: fotolia/dario, Hängende Häuser von Cuenca: fotolia/ Alicia • **Seite 100:** Don Quijote: fotolia/ sborisov • **Seite 101:** Safran: fotolia/ Kesu • **Seite 102:** Sherry: fotolia/ stockcreations • **Seite 103:** Alfaro: fotolia/ Jose Hernaiz, Puente de piedra,Logroño: fotolia/ B.F., Centro paleontológico, Enciso: fotolia/ Q, San Millán de la Cogolla: fotolia/ B.F., Bodega: fotolia/ Argonautis • **Seite 104:** Beim Anstoßen: fotolia.de/ Konstantin Sutyagin • **Seite 105:** Vaso de cerveza: fotolia/ Roman Sigaev